JN145744

# 米墨戦争前夜のアラモ砦事件とテキサス分離独立

## アメリカ膨張主義の序幕とメキシコ

世界歴史叢書

牛島 万

明石書店

# まえがき

本書は、アラモ砦事件とテキサスの分離独立の全体像を描いたものであるが、それは邦語文献として類書のない試みであろう。アラモ砦事件は米国史に特有な領土拡張主義政策を象徴する代表的な事件であるが、この過去の歴史的事件の背景にある政治理念には、現代米国の政治理念と共通するものがあると考えられる。本書が発行される最近の米国政治の趨勢に鑑み、この状況を強調しておかなければならない。まさに外国人や移民の排斥運動が二〇一六年の米大統領選挙の重要な争点と化した結果、その問題の重要性は高まるばかりである。また、新しく誕生したトランプ政権は米国第一主義を掲げ、ますます論議を醸している。従って、現代のわれわれの視点から歴史的変遷をあらためて問い直すことは極めて意義深く、このような「今日性」の認識は歴史学の本髄にも繋がるはずである。

米国は建国時、東部一三州から始まったが、一九世紀に入ると、地政学的見地に則り、南西部や西部への領土拡張主義が強国の条件と考えられ、実際にそれが強硬に推進されていった。現にその後の米国は「帝国」化していったが、自国の領土的基盤を確立するという意味で、一九世紀の膨張主義（Expansionism）は、その極めて重要な歴史的過程を表現したものであったといえよう。これにより、米国は大西洋と太平洋にまたがる「大陸帝国」の基盤を確立し、その後、西漸運動は太平洋岸のカリフォルニアに留まらず、さらにハワイや太平洋に拡張され、ヨーロッパ列強には先を越されていたものの、日本や中国を含めたアジアへの進出の突破口を鋭意築くことになる。アジア、ハワイを拠点として太平洋上を支配しようとする米国は、海洋帝国建国の野心をすでに一九世紀半ばには露呈しつつあった。それは、一八五三年、鎖国のわが国に、米墨戦争でメキシコ湾艦隊提督を務めたペリー(Matthew C. Perry)率いる黒船が来航し開港を要求した事実、また、その際に琉球や小笠原諸島を給油地の候補として調査した経緯を個別に扱っても、十分にそれを説明することが可能であろう。さらに、明治期の近代化により、日本自体も帝国への道を歩む過程で、日米の対立はピークに達し、それに伴い真珠湾攻撃で日米の戦争が開始され、最後に広島、長崎に原爆が投下されるにおよび、一連の流れに幕引きがなされたが、かかる日米の武力紛争にみる歴史背景には、双方の領土拡張、覇権に対する根源的意識が見出されるといってよい。この意味で、端緒となった米国の膨張主義を検討する意義は、米国という一国史の枠組みで追究されるだけでなく、同国の領土拡張や「帝国」化に基づく勢力圏拡大の影響を被った米国辺境部の先住民および隣国メキシコとの摩擦と抗争の様相、そして後のわが国との関係も密接に絡めていくべきである。本書はとりわけテキサスを舞台に、米国とメキシコの辺境部の紛争に焦点を当てることになる。

ところで、米国人が自国史を語るうえで、概して三つのリメンバーがあると考えられる。つまり、忘れてはならない苦い屈辱の歴史的教訓として米国人が指定している事件が、アラモ砦(一八三六年)、メイン号爆破(一八九八年)、そして真珠湾攻撃(一九四一年)である。本書で取り上げるアラモ砦事件はその第一の事件である。アラモ砦はテキサスのサンアントニオにあった元伝道所で、その後は爆薬庫として利用されており、本格的な「要塞」ではなかった。しかしここが歴史的に有名な舞台となる。当時のテキサスはまだメキシコ領で、メキシコの統治下にあった。一八二一年のメキシコのスペインからの独立以降、多くの米国人がメキシコ領テキサスに移住してきた。彼らをテキサスの大地に惹きつけた要因は、メキシコ政府の国策として実施されていた広大な農地や牧草地の提供にあった。その証拠に彼らはメキシコ国籍を取得し、カトリックに改宗する覚悟でテキサスへやってきたのである。しかし、その後の生活を通じ、次第にメキシコの治世にあって理不尽かつ不都合な事態に遭遇することが増え、これに不満をもつ入植者の間から分離独立の傾向がみられるようになった。テキサス各地ではテキサス軍や民兵が割拠していたが、メキシコ軍が初めて鎮圧した歴史的事件として、アラモ砦の戦いはその後も脚光を浴び、後世の歴史記述にも頻繁に現れるようになった。また現在はそれが博物館化、記念碑化されることにより、現在のわれわれの「記憶の場」に深く刻まれている。メキシコ国家に対して武装化し抵抗した一八〇余名の戦士が、一八三六年三月六日、メキシコ大統領ならびに同軍最高司令官であったサンタアナ（Antonio López de Santa Anna）によって虐殺された。この屈辱的な歴史的事件をきっかけに、米国人はその後、メキシコに対する報復攻撃を正当化しつつ、その報復のため、最終的には仇討ちの形でメキシコ軍を敗北させ、テキサスの独立を強引に達成したのである。

さらに後の評価と相俟って、アラモ砦の戦いは、米国独自の自由や民主主義を基盤とする政治的理念や史観をみごとに創出するに至ったことがわかる。事実、アラモ砦事件から一〇年のちに開戦される米墨戦争（一八四六〜四八年）は、米国がメキシコに行使した最初の国家間戦争であったが、アラモ砦事件が大きな原動力となったことはいうまでもない。アラモ砦事件は直接的には国家が介入した紛争ではなかったが、少なくとも米国史上では前例のない民族紛争であり、また白人と非白人（有色人種）を分かつ人種間紛争に等しかった。さらに、米国人が自らの理念を追求するあげく武力行使を正当化させた事案に他ならず、世界の強国へ変貌しようとする、まさに転換期に起こった一大事件を象徴するものであった。同時に、米国独自のキリスト教福音による道徳、倫理観に裏書きされた武力行使（聖戦）の在り方も強調された。実際、戦勝は物理的側面と精神的側面の両方から決定されると考えてよいであろう。とりわけ軍紀や士気に関していえば、概してメキシコ軍にそれが欠けていたと推察することができる。

このように、その歴史的重要性により、米国におけるアラモ砦事件への関心は一般に高く、これまでも数多くの関連書籍が出版されてきた。ちなみに、歴史小説や一般の文芸書の類まで、アラモ砦事件をめぐり多岐にわたる出版がなされてきたのは大変興味深い。なかんずく、地元テキサスにおいては、その熱烈な郷土愛も働き、アラモ砦をはじめとするテキサス独立戦争およびテキサス共和国（Republic of Texas）に関する歴史書物が書店の店頭に常に並び、大衆の根強い人気を博している。

ところが、残念なことに、わが国ではアラモ砦事件はおろか、米墨戦争および一八四〇年代の米国膨張主義に関する研究蓄積が乏しい。管見になるが、一般読者のみならず学界それ自体が米国史およびメキシコ史の両方にまたがるこの重要な紛争と支配の歴史にさほど関心を抱くことなく軽視してきたことが、重大な理由であったろう。そのため、これを専門とする日本人研究者がほとんど育っていないこと、ましてや、近年におけるいわゆる「歴史学」軽視の風潮も起因していると考えられる。とりわけ後者の理由は、現代と過去の歴史は断絶しており、過去をあたかも遺物とみなす見方が主流となりつつあるのではないかと考える。筆者が思うに、歴史学の有意性は、長期的な展望で慎重に事件の原因や影響についての見識を見極めることであるが、とかく短期的な効果、換言すれば、迅速性が要求される現代情報化社会においては、かりにもそれを軽視するかのような雰囲気が漂っており、それは短絡的であるがゆえに、人類平和においては危険性を帯びているように思う。先にも述べたように、わが国では必ずしも学術的関心として脚光を浴びて来なかった米国やメキシコの一九世紀史であるが、とかくテキサスの分離独立や米国膨張主義に関するパイオニア的邦語文献である富所隆治 群馬大学元教授の『テキサス併合史――合衆国領土膨張の軌跡』（有斐閣出版サービス、一九八四年）、ならびに筆者の恩師、故 山岸義夫 金沢大学名誉教授の『アメリカの膨張主義の展開――マニフェスト・デスティニーと大陸帝国』（勁草書房、一九九五年）が発行されて二〇年以上の歳月が流れている。以来、現在に至るまで、これらに匹敵ないし凌駕するとまではいわなくとも、断片的に扱っているものを除けば、本テーマに関する専門書が世に問われることはなかったかと記憶している。しかも先の二つの研究書でさえ、アラモ砦に関する記述はあまり詳細ではない。本書は少なからず、山岸門下の学徒としてこれに寄与したいという願望から綴られたものである。また、二〇一六年はアラモ砦事件勃発に遡りテキサス独立宣言から数えて一八〇年を迎える節目の年でもあることが、筆者の動機の一部にある。先に述べたように、現代米国にみられる同国の権威の復活を目指すためのポピュリズム的政治展開、および人種差別や反メキシコ感情など、一八〇年前を彷彿させる出来事が繰り広げられているのである。従って、この根底にある米墨両国の「溝」は今に始まったことではない。

本書の特徴は、メキシコの動向を十分踏まえて英語とスペイン語による米墨両国の史料を用いたこと、および先行研究と一線を画すため、先に挙げた歴史と現代社会の関係性にも着目した。さらに、歴史に付随する関連分野への精査や複数のディシプリンを用いて、アラモ砦事件をめぐる伝説、神話性、小説や映画などの世界にも言及しながら視野を広げることで、できる限り総合的に考察したつもりである。その点においては、いわば「伝統」に忠実な生粋の歴史学者であった山岸博士の教えから逸脱しているのではないかと懸念されるが、とかく多様な現代社会における問題に対する有効な処方箋を模索するには多様性を土台とする、多角的なアプローチによる検討が求められているのではないかと考える次第である。そして、今を生きるわれわれにとって、この課題を真摯に受け止める必要があるのではないかと信じてやまない。

アラモといえば、西部劇ファンならばすぐに一九六〇年製作のジョン・ウェイン監督、主演の映画『アラモ』を想起するであろう。学問の世界とは逆に、アラモ砦の名称やおおまかな事件のイメージについては映画を介してわが国でも意外に浸透しているのではなかろうか。本書でも学術的検討に際して、いくつかのアラモ映画を題材に考察した。映画がいかに史実を歪曲し脚色しているかを知ると同時に、その脚色により様々な物語や伝説が展開されているという面白さも発見できる。

本書は、筆者がこれまでに短編で発表してきた論文も含まれるが、ほとんどが本書のために新たに書き下したものである。巻末には、参考文献や映像資料、年表の他に、アラモ砦で絶命した「英霊」たちに関する標準的なデータを載せた。

# 米墨戦争前夜のアラモ砦事件とテキサス分離独立

## ——アメリカ膨張主義の序幕とメキシコ

——目次

## 第九章　現代テキサスの表象としての「アラモ」と「カウボーイ」
### ――歴史文化の観光化と政治化　179

# 初出一覧

第一章　アラモ砦事件前史（書き下し）
第二章　メキシコからみたテキサス暴動の制圧の意義——サンタアナのテキサス進攻（書き下し）
第三章　アラモ砦事件と籠城者の性格をめぐる論争（「アラモ砦事件再考」国際言語文化学会編『国際言語文化』創刊号、二〇一五年）
第四章　アラモ砦陥落とサンタアナの暴虐性をめぐって（書き下し）
第五章「アラモ砦」事件をめぐる史実と伝説の相克——生き証人による語りの伝承における問題を中心に（『成城大学共通教育論集』第七号、二〇一五年）
第六章　もう一つのアラモ——ゴリアッド虐殺事件　（書き下し）
第七章　サンハシントの戦いとテキサス独立　（書き下し）
第八章　映画『アラモの殉教者』をめぐる文化批評（書き下し）
第九章　現代テキサスの表象としての「アラモ」と「カウボーイ」——歴史文化の観光化と政治化（「テキサスの象徴としての『カウボーイ』と『ロングホーン』の形成過程」天理大学アメリカス学会編『アメリカスのまなざし——再魔術化される観光』所収、天理大学出版部、二〇一四年を一部抽出、並びに大幅加筆修正。「アラモ砦の観光化とサンアントニオの観光文化のテックス・メックス化——都市計画とメキシコ料理を中心に」『アメリカス研究』第二一号、二〇一六年を一部抽出）

# 第一章　アラモ砦事件前史

## はじめに

本書に一貫しているテーマに、米国とメキシコの紛争がある。この紛争はまずはテキサスで勃発した。なぜ、テキサスが舞台だったのか。そもそもテキサスが米国連邦の一州になる一八四五年以前の九年間は、テキサス共和国という単一国の時代があった。さらにその前の一〇数年はメキシコの領土であり、さらにその前の約三〇〇年間はヌエバ・エスパーニャの領域、要するにスペイン帝国の領土であったのである。端的にいえば、スペイン、メキシコ、テキサス共和国、そして米国へと、テキサスの領有権は変遷を辿ってきたのである。

まずこの史実をおさえたうえで、これからテキサスで展開されるアラモ砦事件の前史について概観しておこう。

## 一　米国の脆弱な政治制度

米国が今日のような、「世界の警察」ごとき強力な国家となるには、幾多の歴史的試練を経てきている。米国の独立期を考えよう。ヨーロッパの君主制から米国型の共和制連邦制度を通じ、まさに「アメリカ」を統一国家とすることは、建国初期において極めて至難の業であった。そこには連邦派と州権派の対立があった。後者は実際に分離主義的傾向にあった。とくにそれは米国南部に顕著にみられ、後の南北戦争の遠因になった。そこで連邦派が統一国家の建設のために目を向けたものは対外進出による国家統合であり、国内の反連邦派の動きを封じ込める考えに基づくものであった。他方、ここに初めて「ホワイトネス」ともいうべき白人の優秀性とそれに付随した人種差別という思想が出てくる。つまり、未開拓な西部を野蛮な地とみなし、そこに住む人間は野蛮人であるとしたのである。米国南部諸州では奴隷制が認められていたが、黒人奴隷は人間扱いされず、「野蛮」以下であると考えられた。ただし、これらの蛮族は「征服」されることで、「教化」の対象とされた。ミシシッピー以西に居住する先住民（インディアン）を征服し、彼らを服従させ、強制移住をさせることで、彼らの土地を略奪していった。そして土地の獲得による領土の拡大化こそ、米国が強国となるための必要条件であったが、すでに述べたように、それ以上に国の統合という面で重要な役割をもっていた。つまり、ホワイトネスという人種的他者化による排除によって白人国家としての強化を図ることで、連邦制が分離の方向ではなく、統合の方向に向かうことを狙っていたといえる。

ところで、南西部には先住民以上に強敵がいた。そこに住んでいる人間は半未開人に比すべき住民とみなされていたが、その背景に、土地の領有権を主張している歴《れっき》とした独立国家の存在があった。それはメキシコであった。一八二一年以降そこはスペインの領土ではなく、新生メキシコの領域であった。国際的にはスペインの脅威はもはやなかったが、問題が二つあった。一つは、一八一九年のアダムズ＝オニス条約により、米国はスペインからフロリダを譲渡されるかわりに、テキサスへの進出を断念することをスペインとの間で取り決めたという経緯があったことである。もう一つは、スペインに代わって中南米に対する経済的支配を英国が狙っていたことである。当時の英国は大英帝国の最盛期に位置づけられ、英国の世界的支配が高まっていた時代であった。米国は英国との独立戦争や一八一二年戦争を経験しているためにこれを回避する考えが強かったのである。しかしながら、その後の歴史をみると、米国人のテキサスへの関心が止まることはなかったことがわかる。表面上、国家（政府）の介入という形ではなく、民間人の干渉という形でその後の歴史は展開されることになる。そこで、初めての米国人入植者であるオースティン（Stephen F. Austin）の話をしなければならないが、まずはメキシコ領テキサスがどのような状況にあったのか、ヌエバ・エスパーニャ末期のいわゆる「辺境部」について論じておきたい。

## 二　ヌエバ・エスパーニャ期のテキサス

当時のテキサスはメキシコ領、それ以前はスペインの植民地であった。一八世紀前半のスペイン王位継承戦争で、ブルボン朝スペインが誕生したが、この体制下の植民地ヌエバ・エスパーニャで鉱山開発、貿易の推進と保護、徴税制の徹底、王権の強化などが確立される一方、追加による重税や通商規制のための高関税等は通商の自由という面において障壁であり、とりわけ地方の被特権階級であったクリオージョ（植民地生まれのスペイン人）から不満が起こった。やがてそれはスペイン帝国統治下での自治や独立への志向の高まりに連動していった。また、当時世界を支配していた英国帝国による通商の自由化を範とし、スペイン本国にそれを要求する動きがとりわけ通商業者の間から起こった。しかし、彼らの通常業務のなかでその要求が実現されなかったため、密輸が横行し、日常茶飯事のように行なわれていた。こうした不満が最終的に爆発したあげく、その矛先をスペインからの独立運動の推進に結びつけていった。また同時に、ヌエバ・エスパーニャ支配における寡頭政の中心にいた本国生まれのスペイン人（ペニンスラール）に対する社会的排除も遂行されていくことになる。当然のことながら、植民地期の軍部のヒエラルキーも植民地体制の崩壊とともに徐々に改変され、独立以降比較的早い段階でいわゆるクリオージョが中心になった新たなヒエラルキーが確立されていったのである。「漸進」という現象が重要である。独立後、即時にその変革は困難であった。しかし、確実に一九世紀の半ばまでにクリオージョ中心の社会へ移行していった。この意味において、これから本書で取り上げるサンタアナも、クリオージョのペニンスラールに対する「革命」のなかから誕生してきた、当時の新生軍人と呼ばれなければならない。

とはいえ、話を少し前にもどすならば、すぐに独立という動きがみられたわけではなく、スペイン帝国の提示する条件さえよければ、自治を含め、内的自決の可能性はヌエバ・エスパーニャに残されていた。ヌエバ・エスパーニャにはイダルゴ（Miguel Hidalgo）のような革新的なクリオージョばかりが存在していたわけではなかった。多くのクリオージョは穏健な改革を目指していた。換言すれば、クリオージョ自身の特権や地位の向上が認められることが革命の最大の目的であり、いわゆる社会全体の革命を目指すものではなかったのである。[1] この点で米国の独立革命の場合も社会革命ではなかったが、その特質や可能性から推して、最初からメキシコ以上に米国の革命に社会革命を期待することはできなかった。米国の場合、白人が本国から分離独立をすることが目的にあった。排除、抹殺、強制移住なども相俟って、先住民人口は希薄であり、黒人は奴隷、つまり非人間の身分として設定され、物理的、精神的な抑圧をともに強いられた。この意味で、白人中心の排他的国家の建設を目指すには打ってつけの状況にあったといえよう。一八六五年の奴隷解放宣言はあくまでも白人間における南北戦争終結の所産であり、黒人の社会的革命のそれではなかったことからも、それは容易に想像できよう。

しかし、ラテンアメリカ、とりわけ先住民人口が多いメキシコの状況は米国とは全く異なっていた。これと合わせてもう一つの転機は、スペインがナポレオン（Napoléon Bonaparte）に侵略されたことにより、ブルボン王朝の支配が中断され、同時に南スペインのカディスで自治政府がこれに対抗し、一八一二年にカディス憲法という当時としては画期的な自由主義憲法が公布されたことであった。政治制度は立憲君主制を支持し、カトリックを国教化しているなどの保守的な条項もあったが、なにぶん私有財産制の保障と平等が法的に認められたことが極めて近代自由主義的な憲法として評価された。そしてメキシコの憲法起草にカディス憲法は多大な影響を与えたといわれている。ただし、このような革新的な改革がかえってメキシコ社会を混乱させる要因と化すことが憂慮された。現に、メキシコの一九世紀の自由主義革命はさらに二〇世紀初頭のメキシコ革命勃発に帰結したのであった。

さて、メキシコの独立革命は一八一〇年、イダルゴ神父が叛旗を翻したことから始まった。この蜂起は副王軍により鎮圧されたが、運動はモレロス神父（José María Morelos y Pavón）によって継承された。一八一五年、モレロスは処刑されたが、ビクトリア（Guadalupe Victoria）やゲレロ（Vicente Guerrero）を代表とするカウディージョ（地方首領）によって、その後の反政府運動が展開されたのであった。

このヌエバ・エスパーニャにおける独立運動に米国人が関与していたことが判明している。一八〇三年、フランス領ルイジアナを買収した後、ヌエバ・エスパーニャの管轄であったテキサスに対する関心が米国人の間に浸透しつつあった。すでに、いわゆる米国人不法戦士《フィリバスターズ》（外国人不法革命扇動家、不正規兵）であったノーラン（Philip Nolan）やバー（Aaron Burr）などがテキサスへの侵入を試みたことがあった。そして、一八一〇年代のヌエバ・エスパーニャでの独立戦争という不安定な状況につけ入り、米国人不法戦士の介入がみられた。一説には、彼らは、すでにこの時点でテキサスの分離独立を展開しようとしていたという説もある。しかし、一国単位では、一八一九年のアダムズ＝オニス条約をもって、スペイン領フロリダを米国が買収するかわりにテキサス獲得を断念した。同時に、それまで明確な境界線が引かれていなかったが、米国とテキサスの境界をサビーン河と定めることに合意したのである。結果として、米国政府は辺境部の公有地の払い下げが国民にできなくなったのを受け、それに不満な農民はオースティンのようにメキシコ領テキサスへの移住を決意するのであった。

他方、スペインは一八〇七年から一四年まで、ナポレオンの支配下に入り、フランスの侵略に抵抗するスペインの自由主義者たちが、スペイン南部のカディスで革命政府を樹立し、「一八一二年憲法」（カディス憲法）という立憲君主制の自由主義的憲法を制定した。一八一四年、スペインはフランス軍の支配から解放され、フェルナンド七世（Fernando VII）が王政復古を行ない、自由派を弾圧したが、一八二〇年、リエゴ将軍（Rafael del Riego y Nuñez）がクーデターに成功し、カディス憲法をフェルナンド七世に承認させた。当時、これは革新的な自由主義憲法であると評され、自由主義革命の到来が予期されたが、それはやがてフランス軍の介入により志半ばで挫折することになった。このようなスペインにおける一連の政治変動、すなわち、自由主義的風潮の高揚とその後の断絶は、植民地ヌエバ・エスパーニャの支配体制にも多大な影響を与えた。その結果、スペインの保守化とは逆行するかたちで、ヌエバ・エスパーニャはメキシコとして独立する道を選んだのである。このような状況下で、メキシコ市では王党派も独立派に移行する動きが強まっていった。そこで一八二一年二月二四日、イトゥルビデ大佐（Agustín de Iturbide）は、ペニンスラールや反抗的なカウディージョであるゲレロと密約を交わし、イグアラ綱領を発表し、正式にメキシコの独立を宣言したのである。しかし、メキシコ国内の保守派との妥協により、採択されたのはスペイン本国と同じ立憲君主制の樹立であった。そして君主としてイトゥルビデが即位したのであった。

一八二二年五月、イトゥルビデが皇帝に即位し、当初カディス憲法を遵守すると公約していたが、すぐに異を唱え始める動きがみられた。そのため、議会と行政当局が激しく対立した。これを受けて軍人のなかにも次第に反イトゥルビデ派が構成されていった。このなかに後章で詳細を取り上げるサンタアナが首謀となり、一八二二年秋にイトゥルビデ打倒を考案して地元ベラクルスで叛旗を翻したのである。これ以降、イトゥルビデ勢力は低迷を続け、一八二三年二月、カサ・マタ綱領が発表され、翌月、体制は崩壊した。かくして、国民の不満と国内の自由主義派の運動により、イトゥルビデは失脚を余儀なくされ、極刑を免れることはできなかった。

そして一八二四年以降、メキシコは連邦制に基づく共和制国家の建国を大きく掲げたのであった。[2]

## 三　メキシコ領テキサスの誕生と連邦制下での自治

多数派となった自由派は「一八二四年憲法」(Constitución de 1824)を制定し、連邦制を採用した。それ以降、一八三六年の中央集権制憲法の改憲まで、当該憲法が存続する。一八二四年憲法は一七八七年制定の米国憲法と同じ連邦制を採用しているが、前者は後者の模倣ではなかった。フランス革命が導いた啓蒙思想や一七九一年フランス憲法、および一八一二年カディス憲法の影響をより強く受けたものであった。それは紛れもなくメキシコがスペインの体制から脱却しようとして、現実にはそれが即時不可能であった証左といわなければならない。一八二四年憲法は、穏健自由派と保守派の妥協の産物であり、当時のメキシコ自由主義の限界をそこから看取することができる。従って、同憲法の骨子は、連邦制の導入、上下院制の導入の他、カトリシズムの国教化、聖職者や軍人に対する封建的特権《フェロ》の容認であったのである。このような連邦制下でメキシコ領テキサスの状況はどうだったのであろうか。

一八二一年、スペインから独立したメキシコ政府により、米国南部出身オースティンがメキシコ領テキサスへの入植を認められる。オースティンは同入植団三〇〇家族を二〇万エーカー（一エーカーは約四〇四七平方メートル）の土地に入植させる権利を得たのである。[3]その後、オースティンに認められた条件と同じではなかったが、米国南部では得ることのできない広大な土地をテキサスでは容易に得ることができたという利点や魅力が、米国とりわけ南部からの移民を増大させ、その流れは留まることを知らなかった。一八二三年一月四日公布の帝国入植法によると、個人入植者に一レバー（一七七エーカー）の農地か、一リーグ（四四二八エーカー）の牧草地の使用が認められた。二〇〇家族以上の代表者エンプレサリオは政府と契約を結ぶことにより、エンプレサリオ本人に対する報酬として六万六〇〇〇エーカーの牧草地と最大三六〇エーカーの農地が与えられたことが知られている。[4]

こうして一八二三年に一二〇〇人だった米国人も、一八三五年には二万五〇〇〇人から三万人（三〇〇〇～四〇〇〇人の黒人奴隷を含む）に膨張していた。これに対し、メキシコ人は四〇〇〇人から七八〇〇人にすぎなかった。この人口比の逆転は次第にメキシコ政府に反抗的なテキサス住民を増加させていった。[5]ところで、メキシコ政府は当初から米国人によるテキサス分離独立を懸念していた。それは同政府が入植の条件を厳しく設定していたことからもわかる。そこに課された条件とは、カトリックへの改宗、メキシコ憲法と法令の遵守、国境付近や沿岸部への入植禁止などであった。[6]ところが反面、テキサスでは奴隷制の実施、七年間の免税、輸入の自由などは認められ、実態はかなり寛大であったともいえる。[7]このような不確定な支配制度により、やがて法や規律を遵守しない傲慢な米国移民が増えていった。

一八二四年、連邦制を基礎とする新憲法発布によってコアウイラ・テキサス（テハス）州（Estado

de Coahuila y Texas）が成立したことにより、テキサスは同連合州に組み込まれ、州都はコアウイラのサルティージョに定められた。そしてコアウイラとテキサスの境界はヌエセス川であった。

一八三〇年からの二年間外務大臣を務めたアラマン（Lucas Alamán）はメキシコを代表する知識人、保守派の政治家として政界で名をはせていたが、彼も当時米国の侵略の危機を訴えていた一人であった。アラマンは、米国は建国後半世紀にわたって領土拡張政策を弛まず努めてきた国であり、その戦略は、軍隊のかわりにまずは民間入植者を派遣し、その基盤をかためることであると述べている。そしてアラマンは、テキサスでの暴動の影響が隣接の北部メキシコ諸州に波及することを最も懸念していた。[8]

アラマンの意見などを受け、メキシコ大統領ブスタマンテ（Anastasio Bustamante）は米国人の脅威を察知し、先に述べた一八二九年にテキサスにおける奴隷制の禁止、[9]一八三〇年には米国からの移民受け入れを禁止する法令[10]をそれぞれ発布した。しかしながら、その後も米国人によるテキサスへの不法入国は継続した。また一八三〇年の移民法に反対する移民たちの暴動も発生した。[11]

一八三二年一〇月の代表者会議で、コアウイラ・テキサス州という単一連合州から、完全独立自治州として、テキサスがコアウイラから分離することが提案された。しかし、オースティンはこれに反対し、自治州の提案に関して、あくまでも自重の態度を崩さず、連邦政府や州政府の腐敗の改善を訴えることに力を注いだ。加えて、テキサスのメキシコ系住民も、決してコアウイラ・テキサス州から分離独立することを望んでいたわけではなかった。一説にはテキサスが単一州になった時点で、米国系移民による独立戦争が勃発し、やがては米国連邦に併合されることをメキシコ人は最初から予期し懸念していたからであるという。[12] オースティンもこの点に配慮しテキサスの単一州要求には反対していたと考えられる。しかしながら、一八三三年四月の大会で、単一自治州の要求が再度提出され、同大会でテキサスに移住してきてまもない独立派のヒューストン（Samuel Houston）がテキサス州憲法起草者として選出された。そこでオースティンはメキシコ政府との交渉役に任命され、即刻メキシコ市へ向かったのである。[13]

そのオースティンがメキシコ市での政府交渉を終え、サルティージョまでもどってきた時、当地で反逆罪の容疑で逮捕された。だが逮捕後の一八三五年三月、オースティンは恩赦によりテキサスへの帰還が認められた。彼は当初テキサスの分離独立に反対の立場に立っていたが、やがてメキシコとの戦争の機運が高まり、独立・併合派のヒューストンが指導的役割を担うように情勢が変化すると、オースティンは一気に戦争支持派に回った。[14] その最中、一八三五年一〇月二日、テキサスの独立運動がゴンサレスで開始されたのである。

## 四　テキサスの分離独立への過程

ゴンサレスでの蜂起の翌日、サンタアナ大統領は一八二四年憲法の廃止と中央集権制の樹立を発表した。それ以降、彼は中央集権制への移行を推し進めていった。後にこれは一八三六年一二月に公布された七法（Siete Leyes）として明文化される。従来、テキサスの独立運動は、サンタアナが中央集権制へ移行しテキサスの自治に一層の制限を加えようとしたことにテキサス民衆が反感をもったことがその最大の理由であると考えられてきた。しかし、当時のメキシコにおいてテキサスだけがそのような異例な事態にあったわけではなかった。

一八三三年、サンタアナ政権下では、副大統領ゴメス・ファリアス（Valentín Gómez Farías）が急進的改革を強引に推し進めようとした結果、その反動による政情不安が、メキシコ市のみならず、国の全土にも波及しつつあった。そして、いわゆる保守派ないしは穏健的自由派（以下、穏健派）とこれに対抗する急進的自由派（以下、急進派）ないしは連邦派の紛争が地方の各所で勃発したのであった。

メキシコ北部のサカテカスやドゥランゴでは連邦制を支持する反政府運動が以前から高まっており、これに危機感を募らせた保守派や中央集権派が連邦派を抑圧しようとしていた[15]。ただし、テキサスと違う点は、テキサスのように大勢の米国系移民と不法戦士の参加が顕著にみられたわけではなかったことであった[16]。またテキサスほど最終的な独立達成を考慮に入れていた州も少なかったのである。しかし、反政府運動を展開していた点では、これらの州に相違はなかった。

一八三六年三月二日、テキサスは分離独立を宣言し、暫定大統領にバーネット（David G. Burnet）、副大統領にサバラ（Lorenzo de Zavala）が選出された。サバラはメキシコから亡命してきた自由主義者であった。テハノ（テキサス在住のメキシコ人）のほとんどが連邦主義の再確立を目的としており、急進的な独立志向に傾斜しないが、一部のテハノは米国系に加担する独立派であったことは疑えない。このなかに、サバラ以外では、ルイス（Fancisco Ruiz）、ナバロ（José Antonio Navarro）、セギン（Juan Seguín）などの顔ぶれがあった。

さて、テキサスの叛乱を鎮圧するため、遂にメキシコ市から自ら軍を率いてきたのがサンタアナ将軍その人であった。このとき彼は、大統領および軍最高司令官の重要な地位を兼務していた。一八三五年一一月末、サンタアナはメキシコ市を出発し、翌年二月には総勢六〇〇〇人の軍隊を率いてテキサス領内に入った[17]。すでに一八三五年末、テキサスの叛乱に備えてサンタアナはリオグランデ河口のマタモロスにいたコス将軍（Martín Perfecto de Cos）をテキサスに派遣し、サンアントニオにあったアラモ砦を占拠させた。しかし一二月一〇日、アラモ砦はテキサス軍の手中に落ち、コスは降服した。もっとも、この四ヶ月後にサンタアナの逆襲が起きようとしていることを、この時点でテキサス民衆の誰も知る由がなかったのである。

## おわりに

米国は建国後およそ半世紀、メキシコは独立後一五年が経っていた一八三六年、互いに歴史の浅い若い共和国にとって試練の時を迎えていた。米国は南西部の処女地へ向けての領土拡張期に入ろうとしていた。他方、メキシコは独立後もスペインの再征服や国内の政情不安や経済的低迷に加え、メキシコ領テキサスの分離独立運動やその背後にある米国の侵略の危機に見舞われていた。この背景には、メキシコ領テキサスでは、入植法により土地が条件付きで分与されていたことが挙げられるが、その広大な土地所有は多くの米国人を魅了したのであった。しかし、メキシコは断固としてテキサスの分離独立を阻止しようとした。そこで、メキシコではサンタアナという一人の軍人の活躍に国民全体の期待が集まっていたのである。まさに歴史評論家であるエンリケ・クラウセ（Enrique Krauze）がメキシコ史の武勇伝の一人に数えるカウディージョであった。

# 第二章　メキシコからみたテキサス暴動の制圧の意義
## ――サンタアナのテキサス進攻

### はじめに

メキシコ領であったテキサスにおける反政府運動は、大きく三つの方向性を有していた。第一は、現状の連邦制を維持する動き、第二は、現状のコアウイラ・テキサス州という連合州からテキサスを分離させ、地方自治の強化を図る動き、第三は、テキサスのメキシコからの分離独立を要求する動きであった。大統領および軍最高司令官であったサンタアナはいずれの要求も否定し、メキシコの統一と繁栄のために、それまでの連邦制を廃止して中央集権制を確立させ、むしろ地方自治に制限を加えようとしていた。これに対し、コアウイラやサカテカスなど北部メキシコ各地で叛乱が拡大した。無論、テキサスも同様であった。そして、サンタアナは自ら兵を率いて地方の蜂起の鎮圧に乗り出したのである。そして、その暴力的な強圧は、やがてテキサスの大地にまでおよんだのである。一八三六

**アントニオ・ロペス・デ・サンタアナの肖像画**

出所：Enrique González Pedrero, *País de un solo hombre: El México de Santa Anna*, vol.1, México, Fondo de Cultura Económica, 1993, p. I.

年三月六日早朝、テキサスのサンアントニオにあるアラモ砦に籠城していた叛乱兵をサンタアナは虐殺し平定した。このサンタアナの行為は未だにテキサス史の汚点として歴史に刻みこまれている。テキサス人や米国人は概して、この悲劇の歴史的体験を語り継いでおり、非情な暴虐性を蔵するサンタアナの暴君のイメージが、メキシコの国民性や風土に対する負のイメージと結びつけられることが少なくなかった。

これに対し、メキシコ人にとってテキサスとは、遠い未知の異空間で、当時は天然資源が発見されていなかったこともあり、多くのメキシコ人にとっては経済的に魅力のある場所には映らなかった。むしろ、インディアンの襲撃等による治安の不安定な無法地帯のイメージが先行し、多くのメキシコ人はテキサスにマイナスのイメージをもち、決して関心の的にはならなかった。従って、元来、メキシコ人の住民も少なく過疎地域であった。ところが、これが逆に米国人を移民として集める要因となったのである。米国人には米国南部のさらに南部に広がるこの土地を豊かな大地として期待していた。そのメキシコ領テキサスにおいて、彼らはやがてメキシコからの分離独立を強行し、さらに一〇年足らずで米墨間で戦争を惹起し（米墨戦争、一八四六〜四八年）、カリフォルニアを含む当時のメキシコの国土の半分が米国に割譲されるに至ったのである（グアダルーペ・イダルゴ条約、一八四八年）。この意味で、アラモ砦事件は、のちの米墨戦争の遠因であるといえよう。換言すれば、テキサスの分離独立はその他のメキシコ領域の併合の前提を成したと考えられる。本章では、アラモ砦事件に至るまでの過程においてメキシコが置かれた立場について論じ、時の支配者であったサンタアナがこの問題解決にいかに挑んだのか、とりわけメキシコ側からみたアラモ砦事件前史について考察したいと思う。ややもすれば、米国人史観に陥りやすい同事件の全貌を明らかにし、その歴史解釈や意義の修正に努めるのが目的である。

## 一　前史——メキシコ政治史におけるサンタアナ

サンタアナは一七九四年、ベラクルスの州都ハラパに生まれた。その後、父親の仕事の関係でベラクルスへ移り住む。父アントニオ・ロペスはスペインの血筋を引くメキシコ生まれのクリオージョで、大卒で弁護士登録もしていたが、実際には一般役人や商売人など、いくつかの職を経験してきた中間層のクリオージョであった。そのような父親は息子に対し、ペニンスラールのように富裕商人として成功を収めてほしいと願っていたようである。他方、母マヌエラ・ペレスは子供の自由意志を尊重していた[1]。現に息子は父親の期待を裏切り、一八一〇年六月、ヌエバ・エスパーニャ国王軍士官候補生

(caballero cadete) になった。それはクリオージョ出身の彼が考える出世街道であったのであろう。

サンタアナがおそらく範としていた人物にワシントン (George Washington) がいた。若い頃の彼の最大の願望は昇進と勲章の数であったと考えられる。その点で米国初代大統領ワシントンとも相通じるものがあった。[2] 軍人としての出世こそ、中流家庭出身の彼が社会的向上を図るための唯一の手段であった。

もう一人はナポレオンである。サンタアナはその行動様式や戦略面においてナポレオン的であると指摘されることが多く、確かにナポレオンに対する憧れがあった。まさに同時期(一八〇四~一四、一五年)、ナポレオンは第一帝政時代の皇帝に君臨していた。サンタアナは西のナポレオン、あるいはメキシコのナポレオンと称された。というより、ナポレオンに憧れていたサンタアナにはナポレオンを尊敬し範にしていた節がみられる。例えば、自らそれを望んだわけではないだろうが、サンタアナが後世経験する四度の国外追放も、回数や亡命先こそ違ってもナポレオンと共有している人生のシナリオである。強いていえば、サンタアナの場合はナポレオンと異なり、いずれもメキシコへの帰還を果たしている。まさにナポレオン以上に不死鳥のごとき強《したた》かな人物であったのである。一八四一年にサンタアナはブスタマンテを倒して大統領の地位に就くが、このとき勝利を祝うメキシコ市入城の行進は、ナポレオンのごとく白馬に乗って行なったといわれている。[3] 他方、サンタアナはナポレオン以上に幸運に恵まれた男でもあった。それはサンタアナが極めて長期にわたってメキシコの軍部や政界に君臨することのできたことからも理解できる。彼は大統領を一一回も経験した軍の最高幹部であり、ある意味で、国家の危機的状況の舞台に自ら躍り出たか、あるいは祭り上げられた一番の人物ともいえよう。サンタアナほど極度の支持と批判の繰り返しを潜り抜け、その巧みな術で、軍および政治の舞台に長い生命力を誇った人物はいない。対仏戦争（一八三八年）で負傷し左足が義足となり不自由を強いられたが、のちの米墨戦争、さらに一八五〇年前半の保守派アラマンと連携し最後の栄光を築いたのである。その後サンタアナは亡命を余儀なくされたが、宿敵フアレス（Benito Juárez）の死後（一八七二年）に帰国を許され、一八七六年、メキシコ市で死去している。

さて、話をメキシコ独立戦争期のサンタアナにもどそう。彼は赴任先のテキサスで先住民への遠征や反政府運動に遭遇した。[4] また、一八一三年八月のメディナの戦いでは、戦術的に未熟な米国人の武装集団である不法戦士と戦った経験をもっていた。二十歳前後のサンタアナが実際に自らの目でテキサスでの異邦人《グリンゴ》、すなわち米国人の悪事をみながら、彼らと激しく戦ったという体験は、彼が直接に指揮したのちの一八三〇年代半ばのテキサス遠征に多大な影響を与えたに違いない。無論、この段階では、サンタアナを含め、誰しもそれを知る由もなかった。こうして、テキサス、ヌエボ・サンタンデール（タマウリパス）、ヌエボ・レオンでの遠隔地での任務を経て、サンタアナは一八一五年一一月、ベラクルスへ帰還した。

彼が一八二〇年代半ばまでに最も有力な軍人として成長していくもう一つの背景として、地元ベラクルスの民衆の支持を集めていたことがある。つまり、権力者たる者は大衆迎合的に民衆たちの支持の下、自らの地盤を確立していく必要に迫られたのである。このような地方首領をカウディージョと呼んだ。[5]

一八二五年に、三一歳でベラクルス地方司令官に昇進すると同時に、当時一四歳のマリア・イネス

（María Inés de la Paz García）と結婚した。この頃、ベラクルスの州都ハラパとメキシコ湾に面する最大の交易港ベラクルスを結ぶ街道沿いに、一二平方レグア（七三・六平方キロ）の大荘園マンガ・デ・クラボ（Manga de Clavo）を当時一万ペソ（一八四〇年代には二万五〇〇〇ペソの価格に上昇）の価格で購入している。[6] マンガ・デ・クラボはサンタアナが所有する最大の土地財産で、彼の富を象徴している。加えて、マンガ・デ・クラボは、彼との血縁関係、あるいは血縁関係ではないがそれに準ずる恰好でサンタアナの傘下にあった集合体、つまり「家族《ファミリア》」の経済力の母体であり、それを象徴するものであった。[7] さらに、ここに帰属する使用人や農夫たちにとって、サンタアナは殊のほか偉大な雇用主でもあった。なぜなら、五万頭の羊を飼育している彼の農園は雇用を創出し、ベラクルスの景気上昇に貢献したからである。また一方で、それが確実にサンタアナ一族に利益還元されるという連鎖のシステムが、マンガ・デ・クラボの土地と建物を介して機能しており、サンタアナ派の密会などにも使用される重要な政治的拠点として、時には英気を養うための憩いの場であり、次なるシナリオを「思索」する場でもあったと考えられる。さらに、カルデロン夫妻（Cardelón de la Barca）など外国の要人等を招く「迎賓館」的な役割を担う重要な政治的社交の場でもあった。[8]

一八二八年、サンタアナはベラクルス長官に任命される。そして翌年、サンタアナに再び転機が訪れた。彼が熱心に支持していたゲレロは大統領の要職にあったが、彼の改革が極めて急進的であり、その余波を受けて、一八二九年三月二〇日、メキシコ国内に留まっていたスペイン人（ペニンスラール）に対する排斥令が出されたのである。革新派のゲレロ政権下で、ペニンスラールが社会の重要な地位や職務を占有していることを不満に思っていた大勢のクリオージョやメスティーソが存在した。

ゲレロはメスティーソの大統領というだけでなく、当時、隠然たる社会的勢力を維持し、急進主義を掲げたヨーク派フリーメイソンによるペニンスラールへの排斥にも賛同していた。同じくヨーク派の自由主義者サバラは、出身地のユカタン州で革新勢力として活躍していた。これらの急進派は、スペインの再征服とメキシコ国内のスペイン人の動向を危惧し、聖職者、軍隊、役人層に依然としてペニンスラールが少なからず残存していることに不満を感じていた。

これに対するメキシコ国内のペニンスラールからの要請を受け、スペインが干渉してきたのである。一八二九年七月、スペイン艦隊がメキシコの再征服を目指してタンピコ港を封鎖し、そこから上陸を企てようとしていた。そこで、サンタアナはゲレロの指令に応じ、二七〇〇人からなる敵軍のバラダス（Isidro Baradas）艦隊の上陸とその占拠を阻止すべく、タンピコへ向かった。サンタアナはタンピコに上陸してきた同軍と交戦したが、これを打破した。この功績が、サンタアナを「タンピコの英雄」（Héroe de Tampico）と高く称賛する背景にあったのである。[9]

ところが、翌年、ゲレロおよびヨーク派フリーメイソンの台頭を憂慮する保守派が盛り返し、ブスタマンテを支持して蜂起した。これにより、ゲレロは失脚を余儀なくされ、極刑に処されたのである。同時に、ゲレロを支持してきたサンタアナにも不遇の時期が訪れた。しかし、その苦境から一年足らずでサンタアナは復活を果たした。一時的にサンタアナはブスタマンテを支持していたが、機をみてまもなく反ブスタマンテ勢力を結集し、ベラクルスからブスタマンテに対して叛旗を翻した。サンタアナは、当時議会で支持されていた穏健派の指導者ゴメス・ペドラサ（Gómez Pedraza）との協働で決起し、保守派のブスタマンテを失脚させた。そしてゴメス・ペドラサを暫定大統領に就かせるものの、一八三三年四月、ゴメス・ペドラサに対抗して台頭しつつあった急進的自由派のゴメス・ファリアス（Valentín Gómez Farías）と結託して蜂起し、ゴメス・ペドラサの政権を奪取するに至った。

## 二　連邦主義への遮断と急進主義からの反動

こうして、サンタアナは急進的な純粋派（puros）党首ゴメス・ファリアスと連立政権を打ち立てた。その後、彼は行政を副大統領のゴメス・ファリアスに託し、マンガ・デ・クラボに退いたが、部下のトルネル（José María Tornel）にゴメス・ファリアスの行動を一部始終報告させた。[10] スコットランドのセント・アンドリューズ大学のファウラー教授（Will Fowler）によれば、ゴメス・ファリアスは本来、穏健的な見解の持ち主であったが、急進派や革新派の支持が彼に集まっていったことが、彼を軍隊と聖職者の特権剝奪を目的とする無謀な自由主義的改革の推進者にさせたとみている。[11] 実際、反ゴメス・ファリアス派の反動勢力が結集し、「宗教、封建的特権《フエロ》、サンタアナ」を掲げて蜂起した。そこで混乱が拡大することを懸念したサンタアナは、一八三四年五月、クエルナバカ綱領を発表し、ゴメス・ファリアスの解任と同改革の中止を決めたのであった。

この事件および事前の幾つかのサンタアナの行動により、彼は典型的な私欲にすがる機会主義者であると酷評されることが多い。本来の政治理念やその目標にコンセンサスを見出せないところの異集団と連携し一時的にも調和を図りつつ、その後の成り行きを注視して、全く別の党派と連携し現政権を奪取する動きはよくみられるが、サンタアナはその最たる事例であった。彼は自己の特権を優先し、その目的のために時として手段を選ばず、そこに確固たる政治理念はないと非難されてきた。従来、識者が概して、サンタアナの日和見主義的な姿勢を指弾するあまり、思慮に欠ける悪漢者であるとして非難することが多かったことは否めない[12]。

それゆえ、すでに一九世紀メキシコにおいて一つの問題が表面化していた、と筆者は考える。つまり、ある問題に対する政治的コンセンサスをめぐり、政府と議会の対立、および党派間の対立、さらには中央と地方との確執があった場合、大統領権を必要以上に行使することで、中央集権化を強化することを余儀なくされたわけである。換言すれば、権力集中の手段を講じていたといえる。メキシコの独立はスペインからの分離独立を達成したが、自国内の統一は不完全のままで放置され、改革は中座された。そして、中央と地方、文民《シビリアン》と軍人《ミリタリー》、党派間および軍閥間抗争はナショナル・アイデンティティが未熟であるため、循環的に起こるのである。その狭間に立たされたのが、まさにサンタアナであると考えてよい。そして、サンタアナは、カリスマ性に溢れたポピュリズム（大衆迎合主義）的な政治を展開したが、これに翻弄され、戦略的に政権の連立化などを選択することを余儀なくされた。一八四〇年代に入ると、サンタアナの強権性はより高まっていった。

その一つの証左として、ゴメス・ファリアスの解任以降、サンタアナは連邦制度の廃止を検討し始めた[13]。この事実は、サンタアナが従来の連邦制支持から一気に中央集権制支持へ鞍替えしたことを意味する。その一方で、それまでと同様、サンタアナは、自らの保身、およびクーデターの回避、政情の安定を図るため、本来は政治的コンセンサスを共有できない党派とも形式的に連携することにより一時的な安定に努めた。だが、これにより、必ずしも日和見主義的な資質がサンアタナに伴っていると速断すべきではない。少なくとも、この政治的状況から脱却するために最後の選択肢として行なっていたのである。というのも、一九世紀前半のメキシコの政治社会的要因に規定された問題であったからである。この意味において、逆説的ながら、サンタアナは際立った順応性ないし妥協性を兼ね備えた人物であったといえよう。[14] 当のサンタアナは、「政治は特定の権益を全体の幸福へ導く崇高な科学である」と弁明し、[15] 一八二四年憲法の保持以上に、社会の安定を最優先すべきであるとした。[16] こうして、サンタアナはバラガン（Miguel Barragán）を暫定大統領に指名し、メキシコ議会で中央集権制が採択され、ここに連邦制の終焉が決定的になった。しかし、この変革はこれから述べるテキサス分離独立問題に大きく進展していく要因を孕んでいたのである。

## 三　地方の叛乱——サカテカスからテキサスへ

すでに一八三四年五月、サンタアナの大統領権の拡大とゴメス・ファリアスの改革を阻止する内容のクエルナバカ綱領が発表されたことにより、地方の自由主義派による暴動が各地で起こった。プエブラ、サンルイスポトシ、サカテカス、ハリスコ、ヌエボ・レオン、コアウイラなど、その反乱地域は国土の広範囲におよんでいた。いずれにせよ、同様の叛乱がテキサスでも起こる可能性が高いとみられていた。事実、テキサスでは、同年一〇月、将来に対する不安や反政府的風潮が高まり、反政府集会が召集されたのである。しかし、オースティンの助力により、この段階で暴動にまで発展することはなかった。[17]

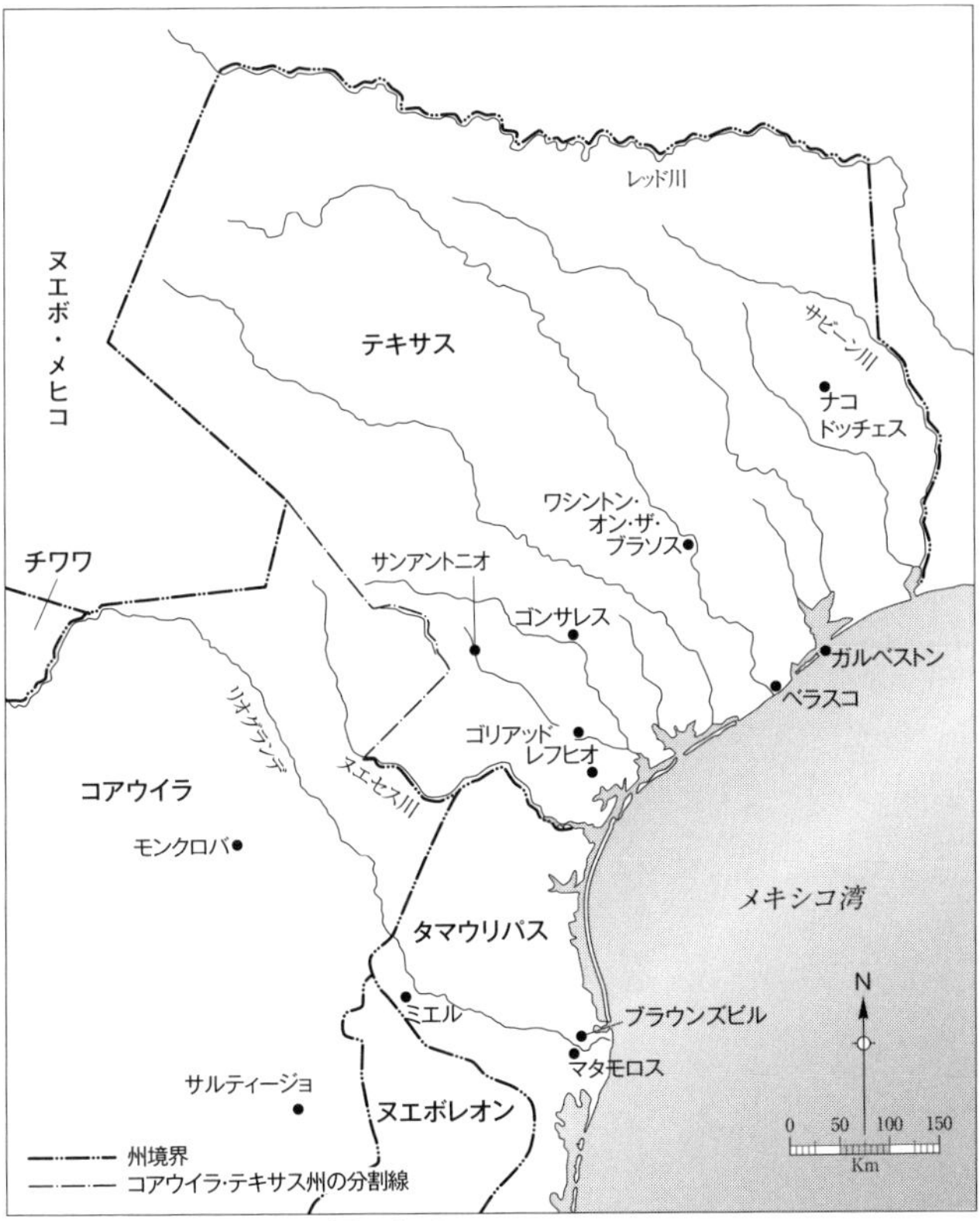


**独立以前のメキシコ領テキサス**

出所：大泉光一・牛島万 編『アメリカのヒスパニック＝ラティーノ社会を知るための55章』明石書店、2005年、56頁.

しかし翌年になると、地方の叛乱がより激化していった。一八三五年三月三一日、議会で五〇〇人に一人の割合で強制徴兵を課し、国軍の傘下の市民軍を強化するという法案が可決された。これは中央政府の管理下にある正規軍を強化することで、地方の兵力を制限し、同時に地方分権や自治を求める反政府運動を抑圧する意図があったと考えられる[18]。

サカテカスは従来、比較的治安が安定しており、鉱山業による経済的繁栄にも恵まれた州であった。そして州兵の編制や戦力の面ではメキシコ有数であると考えられてきた。しかし、そのようなサカテカスの住民が中央政府の介入に対抗し暴徒化していったことは注目に値する。サンタアナは四月九日、三〇〇〇〜四〇〇〇人の兵を自ら率いてサカテカスへ進攻した。その鎮圧には優に一ヶ月を要したが、多数の犠牲者を生む惨事となった。そして生き残ったサカテカスの叛乱者は反逆者としての刻印を押され、さらに過酷な戒めがなされ、嘲笑の対象とされたのである[19]。

コアウイラでも騒動は起きていた。コアウイラ・テキサス州は連合州であったが、実際にはコアウイラが実権を掌握していた。従来テキサスにおける公地の処分はメキシコ中央政府の管轄であったが、一八三四年三月二六日の議会法案可決で、コアウイラ議会により転売にかけられることになった。さらに翌年三月一四日の法案可決で、四〇〇リーグ（約一九二〇平方キロ）の公地の処分はコアウイラ地方長官の管轄とすることが決まった[20]。これにより、コアウイラによるテキサス公有地の売買が推進されることを懸念したテキサス住民が暴徒化した。結局四月二五日、メキシコ中央議会はコアウイラ三月一四日州法が違憲であるとした[21]。

地方叛乱の激化により、中央政府は早急に憲法改正の手続きを進めていった。彼らは一八二四年連邦制憲法を廃止し、中央集権制国家を目指そうとしていた。一八三五年五月二日、メキシコ議会で一八二四年憲法の廃止が決定され、一〇月二三日にその骨子が承認された[22]。

このように、コアウイラ・テキサス州は一つの連合州であったが、コアウイラ側に重要な管轄権が集中していたことがわかる。無論、これはテキサスの分離傾向を憂慮していたメキシコ中央政府の戦略で実行されたものであった。そこでは、次のことが重要である。メキシコ中央政府とテキサスの対立構図だけではみえてこない問題として、コアウイラ内部の中央政府支持派と反政府派の対立抗争があったことを忘れてはならない。コアウイラの州都をめぐり、サルティージョか、あるいはモンクロバかで、コアウイラ内部では対立が起っていたのである。革新的な州政府は当時、モンクロバに首府を置いていたが（一八三三～三五年）、これを批判する保守派はサルティージョへの遷都を要求していた。

ところが、このコアウイラの内政に干渉してきたのが、メキシコ東部諸州（タマウリパス、ヌエボ・レオン、コアウイラ・テキサスの三州）を管轄していたコス将軍であった。彼はコアウイラの保守派を擁護する意図で、その治安維持に努めようとした。他方、これに反対するビエスカ（Agustín Viesca）州長官は、サンアントニオにコアウイラ・テキサス州の政府を移動させる計画を実施しようとしていた。そこで、これを阻止しようとしたコスが、ビエスカ長官とムスキス（Ramón Músquiz）副長官を監禁、拘束したのである。結果的に彼らはテキサスへ逃れることに成功したものの、これによりテキサスの分離志向はより高まっていった。だからこそ、コアウイラの内政動向が結局は、テキサスをコアウイラ・テキサス州から分離させていったという見方もできなくないのである[23]。

このように、州政府と軍部の対立問題が、テキサスの分離独立の背景の一つにあったことがわかる。メキシコ軍部はテキサスの制圧に先立ち、メキシコのタマウリパス州のマタモロスを攻略しようとした。マタモロスはメキシコ軍の支配下にあり、重要な軍拠点であった。また、リオグランデに面した重要な交易港で、その軍事的・経済的魅力からマタモロスがテキサス軍の攻撃を受ける可能性も高まっていた。従来、マタモロス港は、メキシコ北部諸州を中心とするメキシコの商業経路と、テキサスおよび米国、ヨーロッパとの対外通商の中継地として、一九世紀に入り貿易港として急速に発展してきた。マタモロスは内地のモンテレイ（ヌエボ・レオン州）、およびメキシコ湾に面したタンピコ港とともに重要な経済的拠点であった。マタモロス港に税関を設置し、その徴税権は地方政府ではなく中央政府の監督下にあったが、役人の汚職などの問題を抱えていた[24]。そこで、マタモロスを重要な軍事的拠点として増強することにより、軍事のみならず経済や汚職の問題をも一気に解決し、メキシコ北部の反政府派を一掃することが早急の課題となったのである。こうして、マタモロスはモンテレイと並んで、のちの北方師団（División del Norte）の根拠地の一つになっていったのであった。しかしながら、最初にその責務を任されたフィリソラ（Vicente Filisola）はコレラにかかり病床にあったため、一八三三年一一月にはペドロ・レムス（Pedro Lemus）将軍、その後一八三四年秋になって、サンタアナの義兄弟であるコス将軍がこれに指名されたのである[25]。

そこでコスは事始めに当たり、テキサス・ガルベストン湾に税関を再建するように命じ、テノリオ隊長（Antonio Tenorio）を派遣した。同隊は一八三五年一月一日にガルベストンへ到着した。ところが、六月末にはトラヴィス（William B. Travis）軍と交戦した結果、テノリオ軍は投降した[26]。従って、コスは九月一七日マタモロスを出発し、一〇月二日テキサスのゴリアッドに到着し叛乱軍を制圧した。さらに、ゴンサレスやサンアントニオでテキサス軍による叛乱が勃発しているという情報を得て、同月五日、コスはサンアントニオへ軍を進めた。歴史家ライブズによれば、ゴリアッドを離れてサンアントニオへ向かい、ゴリアッドには三〇人ほどしか兵力を残さなかったことが結果的にコスの判断の過ちに繋がったのである。[27] つまり、ゴリアッドに関しては、マタモロスやミエルとの距離はサンアントニオに比べるとより近く、要塞として申し分のないものであった。かくして、彼らは九日にサンアントニオに到着した。

ところで、サンアントニオは当時、その正式名称をサンアントニオ・デ・ベハル（San Antonio de Béxar）といった。サンアントニオはテキサスの中心地で最大の軍地的拠点であった。このサンアントニオこそが、今日では全米第八位の人口を擁する現在のサンアントニオへと発展を遂げた都市である。ヌエバ・エスパーニャ時代から当地は水の都として注目を浴び、メキシコ領テキサスの都として発展してきた。[28] 一七一八年、ここにサンアントニオ・デ・バレロ（San Antonio de Valero）というミッション（伝道所）が建設されるとともに、一七三〇年には、アユンタミエント（ayuntamiento: 地方自治体）が設置され、サンフェルナンド・デ・ベハル（San Fernando de Béxar）と名づけられた。一七七〇年、先住民による攻撃が頻繁に発生し、人口は八六〇人まで減少したが、一八〇七年には二〇〇〇人程度にまで回復するほどの増加を示しており、その後は概ね横ばいが続いたものの、一八三四年に二四〇〇人を擁する町に成長した。イスラス広場（のちの憲法広場）の周りには平屋ないし二階建ての石造りの頑丈そうな家屋もみられるが、ほとんどがメキシコ系住民の居住するアドべ（adobe）と呼ばれる日干し煉瓦のみすぼらしい家屋であり、それらが街中に軒を連ねていた。黒人居住者はほぼ皆無であった。大通りを東に進むとサンアントニオ川にかかる橋にさしかかり、さらに二〇〇ヤード（一八二・八メートル）ほど北東に進むと、すでに廃墟になっているミッション（伝道所）があった。これがアラモである。[29]当時、アラモは兵舎として使われていたが、一八三五年、コスがアラモを修復し、砦に準ずるような役割を担っていた。[30]サンアントニオ川下流には、他に四つのミッションがあった。アラモから近い順に、現在サンアントニオ・ミッション国定歴史公園を構成する、プリスマ・コンセプシオン・デ・アクーニャ（聖母マリアの無原罪の御宿り、一七三一年建立）、サンホセ・イ・サンミゲル・デ・アグアヨ（一七八二年建立）、サンフアン・カピストラノ（一七三一年）、サンフランシスコ・デ・エスパダ（一七三一年）があったが、最後のものは一八三五年当時ほとんど廃墟となっていた。[31]とくにサンホセ・ミッションは、その建物の壮大さと強度の面でアラモよりも砦らしい砦であった。従って、アラモ砦は、むしろ砦といい難いが、なぜ、そこを「砦」と称し、籠城していたのかと疑問を呈する研究者もいるほどである。[32]

さて当時、オースティンは軍隊経験がなかったが、テキサス人民軍の隊長職に選出された。しかし、一〇月一二日にテキサスのゴンサレスを出発し、同月一九日にはサンアントニオ付近のサラド・クリークまで到着しながら、オースティンとボウイ（James W. Bowie）の判断で進軍をやめ、一週間以上も同地で待機していた。オースティン軍はおよそ七〇〇人程度であったとされる。[33]その後、彼らはサンアントニオへさらに接近した。九二人からなるファニン（James William Fannin）軍を先遣隊としてサンアントニオへ向かわせたが、このファニン軍のなかにボウイがいた。おそらく彼がサンアントニオ住民で土地勘もあり、かつ義勇兵の指揮官であったため部隊と同行していたのではないかと推測される。そこで、いざサンアントニオを攻撃しようと準備を進めていたところ、それに反対する兵士が多く、進撃を躊躇せざるをえなかった。この背景には、オースティンの統率力に問題があったと考えられ、この点は、後に審議会（Consultation）代表アーチャ（Dr. Branch T. Archer）とテキサス軍総司令官ヒューストン将軍に批判されることになる。これが主要な原因であったのか、あるいは彼の持病を危惧してなのか、一一月二四日、オースティンは同職を解任された[34]。

オースティンの後任はバーレソン（Edward Burleson）という、ノースカロライナ出身で一八三一年以来、テキサスのコロラド川沿いの土地に入植していた人物であった。四〇五人の義勇兵がバーレソンのもとに残ることを決めたが、そのうち六四人はニューオーリンズ・グレイズ（New Orleans Grays）の義勇兵であった。彼らはテキサスでの叛乱の情報を入手するや否や、ニューオーリンズで入隊手続きをしてメキシコ領テキサスへ不法に入国してきた[35]、いわゆる不法戦士であった。ジョンソン（Francis W. Johnson）[36]とマイラム（Benjamin R. Milam）[37]の二連隊によって、一二月五日、サンアントニオの町は制圧された。そこで一二月一〇日深夜、コスは、サンアントニオから撤退し、メキシコ軍にアラモ砦への移動を命じた。一七九人の騎兵隊と六人の将校はリオグランデへ向けて逃亡したが、これ以外の全員が夜明けまでにアラモ砦に逃げ込んだ。アラモには軍事物資や食糧が保管されていたが、決して十分ではなかった。加えて、兵士の家族である女性や子供までも逃げ込んできたので、砦の中は籠城者で満ちていた。しかし、まもなく敗北を予感してか、比較的早い段階でコスは無条件降服をしたのである。そしてテキサス軍がコス軍に要求したことは、①メキシコ軍はリオグランデ以南まで撤退すること、②テキサスに一八二四年憲法再公布を認めること[38]、③武器の返還や個人財産の回復、の三条件であった。こうして一二月一四日、コスは負傷者をアラモに残し、総勢一一〇五人を率いて撤退を開始したのであった[39]。いずれにしても数ヶ月後にこの合意を破り、コスは再びアラモ砦を襲撃するのである。

## 四　マタモロス遠征の断念

コス軍を追放することに成功したアラモのテキサス軍は、次なる目標をマタモロス遠征に定めた。テキサス軍はコスにリオグランデ境界を要求したにもかかわらず、逆にリオグランデを自ら越境しようとしていたことになる。先に述べたように、マタモロス港はリオグランデ下流のメキシコの港町で、一八二〇年代後半には重要な交易港として頭角を現していた。モンテレイ、サルティージョ、サンルイスポトシなどのメキシコ北部各地からマタモロスに集められた農産品が、米国やヨーロッパ向けに出荷されていた。こうしてマタモロスは、一八三〇年までに同地域では稀な七〇〇〇人の人口を擁する国際商業都市にまで成長していた。ベラクルス、タンピコに次ぐ国際港として、多くの外国商人も居住していた[40]。また、マタモロスは経済的要地であると同時に軍事的拠点でもあった。従って、マタモロスがテキサス軍によって制覇されると、月一〇万ドルの通関税に加え、メキシコ北部域の軍事的支配もテキサス軍へ移ることが懸念された[41]。そうなると、テキサスのマタモロス征服は確実に、後の米墨戦争を惹起する要因を十分に内包するものであった。

しかし、マタモロス遠征に対する賛否をめぐって、テキサス軍は二分していた。テキサス長官と同議会の対立において、それはとりわけ顕著であった。前者はリオグランデを越境することに猛烈に反対したが、後者は逆にマタモロス遠征を奨励していた。前者のなかには、ヒューストンやオースティン、ゴリアッド駐屯軍指揮官ディミット（Philip Dimitt）などがいた。彼らが反対する理由は戦勝の可能性の低さにあった。他方、マタモロスへの遠征を支持する者たちは、メキシコ北部のコアウイラ・テキサス州のみならず、ドゥランゴ、ヌエボ・レオン、サンルイスポトシの反政府派もテキサス側に加担することが見込まれ、反政府運動を展開していくうえで強力な援軍となることが確信されていたからである[42]。

他方、米国やヨーロッパ出身の「不法戦士」と呼ばれる外国人で、メキシコ国家の転覆と、土地財産の獲得やその他の私欲に駆られた武装集団が、テキサスの大地で戦闘を繰り広げようとしていた。このような不法戦士と共同で反社会的な行動に出る亡命メキシコ人もいた。次のような事件が勃発している。一八三五年一一月四日、亡命メキシコ人であるメヒア（José Antonio Mejía）がメキシコのタンピコにニューオーリンズの不法戦士を送り込み、国家転覆を謀ろうとしていた。メヒアはキューバ生まれのメキシコ人で、一八二九年から三一年にかけてワシントンのメキシコ公館の役人であったが、その頃からテキサスの土地への投機を手掛け、ガルベストン湾&テキサス土地会社（Galveston Bay and Texas Land Company）の出資者となっていた。そのため、彼はメキシコ中央集権制に反対し叛乱を惹起したのであった。サンタアナは自ら軍を率いてこれを鎮圧し、メヒアは運よく逃れテキサスへ帰還できたが、死者八人、捕虜三一人（米国人一三人、英国ないしはアイルランド九人、ドイツ人七人、フランス人二人）を出した。捕虜のうち、怪我で三人が死亡、残りはすべて銃殺刑に処された[43]。

その意味では、マタモロス遠征隊のグラント（Dr. James Grant）とジョンソンも類似の性格を有する集団であった。後にジョンソンは、遠征に消極的になっていったが、グラントはマタモロス遠征隊の戦勝の可能性を信じ、遠征の準備に余念がなかった。彼をマタモロス遠征に駆り立てたものは、いったい何であったろうか。

グラントはスコットランド出身のメキシコ人で、コアウイラ・テキサス州議員を歴任した人物であった。彼は土地の投機を精力的に展開してきた土地の有力者で、その収奪された自分の土地の奪回という切実な願望があったからであった。コアウイラのパラスを中心に広大な土地を所有しており、そのために彼は、自分の人脈を考慮すれば、マタモロス遠征への協力者が比較的容易にみつかると見込んでいた[44]。加えて、土地への渇望を抱く米国から来た不法戦士の若者たちが、まさにマタモロス遠征に情熱を傾けていたのであった。とりわけアラモ砦でのコスとの戦いにすでにニューオーリンズ・グレイズを中心とする外国人不法戦士が大勢参加していたが、同隊長モーリス（Robert C. Morris）はグラントの友人であった[45]。

しかし、結果からいえば、このマタモロス遠征計画は実現しなかった。その理由は、戦勝の可能性の低さとメキシコ北部の支援が見込めなかったこと、およびテキサス政府と議会の見解の相違があったからである。テキサス議会は、すべてのテキサス兵力をマタモロス遠征に結集させるべきであると提案したが、ヒューストンはこれに反対した。そこで、サンアントニオのバーレソン指揮官は一二月一五日、ジョンソンに義勇兵を募集する権限を与えた。こうして、四〇〇人ほどの義勇兵の大半がニューオーリンズ・グレイズの不法戦士であった。そのうち約三〇〇人はマタモロス遠征へ向けて一二月三〇日にサンアントニオを出発した。途中、ゴリアッドで物資の供給や再編制を行ない、レフヒオのミッションに三週間かけて到着した。

ところが、さらなる不測の事態が起こった。ジョンソンは当初そうではなかったが、次第にマタモロス遠征自体に懐疑心を抱くようになっていった。そこで、彼は後から批判されないように、マタモロス遠征の全権を正式に委譲するように議会に要求してきたのである。これを受けて議会はジョンソンの意向を受け容れたが、なおもジョンソンにはその職務の重圧に悩まされていた観がみられた。そこで、議会は、ジョンソン以外の別の者にも同様の権限を付与して対処しようとした。それがファニンであった。一八三六年一月七日、ファニンにもマタモロス遠征隊のための義勇兵募集に関する実権が与えられたのである。こうして、議会はジョンソンとファニンの二人に、同じ特権を与えてマタモロス遠征を準備させたのである。また同時に、この遠征隊は正規軍ではないために、ヒューストンの命令への服従から解かれたのである。しかし、結果的にマタモロス遠征は実現しなかった。そして、それ以上に、メキシコ軍に再軍備の機会を与える結果を齎《もたら》せた。すでに一月半ば以降、ウレア（José Urrea）軍がマタモロスの防衛を強化し、進撃の準備を進めていたのである。[46]

他方、アラモ砦の兵士数と食糧が極度に減ったため、その防衛に関して問題が生じていた。しかも、サンタアナはこのアラモ砦を最初の攻撃目標に設定したのである。

## 五　アラモ砦に向けて

メキシコ軍がサンアントニオへ向かっているという情報が入った。そこで、スミス（Henry Smith）とヒューストンは、サンアントニオのテキサス軍に即時撤退を命じた。具体的には、ゴンサレスおよびコパノに軍を移動させ、撤退時にアラモ砦を爆破することがその指令内容であった。この指令を受けたボウイが、義勇兵とともにヒューストンの命令でアラモに到着していた。しかし、サンアントニオの防衛を任されていたニール大佐（James C. Neill）はこれに同意しなかった。その際、彼は理由として、第一に、サンアントニオにある火器を移動させるに足る荷馬車がないこと、第二に、アラモ砦はまさに現存の百数十人の兵士の防衛に必要であること、を述べた[47]。

しかし、まもなくニールが家族の病気を口実にアラモの任務から離れることになった。こうして後任にトラヴィス中佐が任命された。しかし、彼もニール同様、アラモ砦を爆破して退去することを拒否したのである。要するに、アラモ砦の指揮官は上官であるヒューストンの指令に服従しない厄介者ばかりであったのである。

他方、メキシコ軍はどうであったか。サンタアナは一度タンピコからメキシコ市にもどり、一二月七日、サンルイスポトシに自らの軍を率いて向かった。最終目的はテキサス遠征である。分離独立およびメキシコ国家の転覆を企てる米国人の不法戦士、加えてこれと同調し加担する地方の自由主義的叛乱者である悪漢者を正当な暴力によって封じ込め弾圧するために、サンタアナ自身が軍人としての社会的責務から、テキサス遠征に乗り出した。サンタアナは自分の若き頃にテキサスの戦場で修行したことを回顧し、テキサス遠征に対する戦勝を自覚していたのかもしれない。サンルイスポトシで軍の再編制および物資の供給を終えると、テキサスへ向けて軍を進めた[48]。ところで、メキシコ軍に与えられていた条件は万全ではなかった。戦費の予算増大は赤字財政により、極めて困難であった。メキシコ軍の弱点は海軍がほぼ機能していなかったことである[49]。テキサス軍にはニューオーリンズからの物資が海路によって入ってきたが、メキシコ軍には海からの経路がほぼ皆無に等しく、サンタアナ軍は、メキシコの自然環境の悪条件が常に軍の北上を遮る、陸路をあえて進まざるをえなかった。何にせよ、一九世紀のメキシコの対外戦争は陸上で展開される戦闘の連続であった。サンタアナは自らの精神力と武将としての技量を自負しつつも、所属する兵士たちの大半が戦術的に未熟であり、かつ装備も不完全な部隊を率いての進攻を余儀なくされていた。メキシコ軍全体で正規軍二万七〇〇〇人、市民軍四万八六〇〇人であったが、そのうちサンタアナは六〇〇〇人を率いてテキサス遠征に乗り出したのである[50]。

部下のフィリソラは、テキサス東部のサンパトリシオ、ゴリアッド、サンフェリペから制圧すべく、それまでのラレドからミエルに主要基地を変えることをサンタアナに提案した。しかし、サンタアナはこの作戦を選ばなかった。彼はあくまでもサンアントニオを最初の攻撃目標に考えていたのである。そこで一旦、一八三五年一二月末、サンタアナはコスに対し、モンクロバへ帰還するように命じた。すでにこの時点で、サンタアナの命令に従い、カストリジョン（Manuel Fernández Castrillón）はマタモロスへ、ラミレス・イ・セスマ（Joaquín Ramírez y Sesma）はリオグランデ沿岸にあるサンフアンバウティスタ要塞へ、ウレアはドゥランゴからサルティージョへ、それぞれ移動を続けていた[51]。

一八三六年一月一六日までにラミレス・イ・セスマはサンフアンバウティスタ要塞に到着、二一日にコスがモンクロバに、サンタアナ軍はサンルイスポトシからサルティージョまで到達していた。そしてサルティージョで一九日にウレア軍と合流した。こうして遂に一月二三日、サンタアナは全テキサス遠征部隊に出動を命じた。[52] サンタアナは先遣隊をサルティージョから見送り[53]、二六日、自らもサルティージョを後にした。そしてコスとモンクロバで合流した。

他方、ウレアは一月末、サルティージョからマタモロスへ向けて出発、マタモロスでユカタン連隊と合流し、二月一七日、リオグランデを越えてテキサス領域内に入った。そして、二月二七日および三月二日に、先に述べたジョンソンとグラントのマタモロス遠征隊を倒した。

一方、サンタアナ軍は、二月一二日、サンフアンバウティスタ要塞に到着した。同日、ラミレス・イ・セスマの一六〇〇人の兵はサンアントニオに向けて出発したのである。二月一六日、ラミレス・イ・セスマ部隊は、リオグランデを越え、先を進んでいたが、後からきたサンタアナ軍がこれと合流し、二月二三日、サンアントニオの町を占領した。[54] サンタアナの報告書の一通を読むと、同日に襲撃命令を出していたが、実際には不手際が起こり、町の中心を占領するに留まった。従って、アラモ砦の襲撃はこの時点では行なわれなかったが、同報告書によれば、この時すでにアラモ砦襲撃は命じられたという。実際はその後、ガオナ（Antonio Gaona）部隊の工兵と歩兵からなる大隊八〇〇人が到着するのを待って、アラモ砦を襲撃することになった。それはサンタアナが失敗のない計画の完遂を目指していたからであった。アラモ砦襲撃は容易なことであると述べている反面、サンタアナ自身は相当程度に用意周到であった様子が窺える。[55] ガオナ大隊は三月三日に到着した。[56] アラモ砦の戦闘に直接かかわったのは、二二四〇人ほどであり、テキサスに派兵されたメキシコ軍総勢六〇〇〇人中の三分の一にすぎなかった[57]。

## おわりに

独立後のメキシコが抱える問題は大きかった。スペイン系白人にしても、スペイン本国で生まれたペニンスラールと、メキシコ生まれのクリオージョの区別が存在していた。また人種的には、白人、先住民、メスティーソの区分があった。このように区別や差別意識はメキシコを統合に導くどころか、むしろ分裂をもたらす要因となった。加えて、中央と地方の対立、および保守主義と自由主義との対立など、スペイン本国も抱える問題をメキシコも常に抱えてきた。この矢先でのテキサス分離独立運動であった。テキサスの分離は対外的にはメキシコ国の弱体性を露呈することになり、その後の米国の侵略が憂慮された。事実、テキサス分離独立から一〇年後には米墨戦争が勃発した。他方、国内的には地方の中央に対する反乱や自由主義の高揚にも結びつくことが懸念され、メキシコ国家の存続にもかかわる大事件であった。現にユカタン州は、テキサスの政変に便乗し一時的に独立を達成したのである。

このような政変に圧力を加え、鎮圧しようとしたのが、サンタアナ軍最高司令官であった。そして、彼が、最初に目指したのは、サンアントニオのアラモ砦への襲撃であった。そして、まさに、その戦いの火蓋が切られようとしていたのである。

# 第三章　アラモ砦事件と籠城者の性格をめぐる論争

## はじめに

本章では、テキサス独立戦争の象徴である「アラモ砦事件」前夜の歴史を、とくに米国側から検討し、とりわけ籠城者の性格に重点をおいて取り上げる。従来、独立と自由のためにメキシコ軍と戦い英霊となったテキサス軍の戦士たちは、未だ米国建国史上に大きく寄与した人物として高い評価を受け、現代の「アラモ砦」という神聖化された空間で祭り上げられている。従って、アラモ砦事件はその歴史的意義だけでなく、それを超越したところでも脚光を浴び続けている。その証左として、アラモ砦事件が歴史的探究の対象としてばかりでなく、伝説や神話、あるいは独特の「物語」世界を展開してきているということである。勝利を導いたサンハシントの戦いよりも、完敗したアラモ砦事件の方に後世の関心が高いのはどういうことだろうか。人間の死やその流れた血が本来もつインパクトに加え、後世の歴史的解釈や「巧みな」語りによって、概して歴史にその名を馳せ、歴史上の「記憶」に深く刻み込まれることが少なくないからかもしれない。そして、アラモ砦は今日サンアントニオの代表的な観光名所と化し、その意味で、同砦は現代における観光収益やこれに付随する消費文化の源泉としての表象の役割を果たすものと考えられる。

なかでも、アラモ砦の籠城者の性格をめぐる見解は、まさに今検討しなければならない重要な問題であろう。従来支配的であった見解は、アラモ砦事件とはテキサスの分離独立を希求する反国家的革命理念、あるいは政治的自由意思を象徴する一大事件として一定以上の過大評価がなされてきた観がある。従って、その歴史観が不動の存在として、米国史のなかで生き続け、あたかも「神話化」されているかのような様相を呈するのである。そこで、われわれはここにきてアラモ砦事件を冷静かつ客観的に再検討する必要を感じる。

一つの研究動向は、テキサス独立およびその象徴的事件であるアラモ砦の戦いが、米墨戦争と並んで、米国のいわゆる領土拡張主義の一環でなされた戦争であると理解し、米国史全体を実証的に分析する時、それを俎上に載せていく考え方である。この代表的論客には、プレッチャーを挙げることができよう。[1]他方、先の学説とは異なり、テキサス戦争期においては、米国南部の主導による土地拡張主義者、換言すれば、米国南部の奴隷制支持者、とりわけ綿花農園を経営するプランターが主流であったとする見解がある。この代表的な論客としてジェイやリバモアがいるが、米国政府を逸脱した米国南部の謀略であったという学説である。[2]

以上の解釈に対して、メイは異なる視点を提供し、外国人である不法戦士《フィリバスターズ》による暴徒や占拠が最も成功した事例として捉えている。[3]米墨戦争は国家間戦争であり、国家の政治外交史や軍事史の観点からの分析で事足りるが、テキサス独立戦争においては米国政府の直接介入はなかった。従って、メイの研究は現状をより的確に捉えており斬新であるといわなければならない。テキサス軍は正規軍および義勇兵や民兵で構成されていたが、その義勇兵に志願するテキサス住民は極めて少なく、テキサス以外の外国人が多くを占め、その本体は米国人の「不法戦士」だったのである。[4]

以上がアラモ砦事件に関する代表的見解の概要であるが、本章では主として、メイの研究を修正する。

## 一　米国政府のテキサス政策

米国政府はテキサス領有に早くから関心があったが、実際には米墨戦争勃発までに明らかな国家的な関与はなかった。一八〇三年、米国政府がフランス領ルイジアナを買収した頃、当時ヌエバ・エスパーニャ領であったテキサスに対する関心がすでに米国人の間で浸透していた。従って、一八一〇年代にスペインからの独立戦争がヌエバ・エスパーニャで展開されたが、これに干渉したのは米国の不法戦士であった。つまり、不法戦士とは他国の内政に武力干渉する戦闘員のことであり、とりわけ民間の武装集団であった。

一八一九年、米国はスペインからフロリダを買収し、テキサスの北の境界をサビーン川と定めた。[5]この時に米国は、フロリダ獲得を交換条件に、テキサス進出を断念することを余儀なくされたのであった。しかし一八二五年、アダムズ大統領（John Quincy Adams）は、ポインセット（Joel R. Poinsett）をメキシコ公使に任命し、新境界をサビーン川とリオグランデの中間か、できればリオグランデを境界とする交渉を開始させた。またこの動きに並行して、ニューメキシコ（当時のメキシコ領ヌエボ・メヒコ）やカリフォルニアの獲得がすでに画策されていた。

一八二九年、アダムズの政策を引き継ぎ、ジャクソン大統領（Andrew Jackson）はポインセットの交渉額を五〇〇万ドルに引き上げ、ヌエセス川西方に境界を確定する交渉を続けさせた。さらに、ポインセットの次に派遣されたのが、ジャクソンが信頼する友人バットラー（Anthony Butler）であった。しかし、無知、卑俗、不道徳と非難されていた同交渉人が、両国間の関係をより悪化させていった。[6] 彼の派遣の目的はまさに「米国に投げかけられたメキシコ人の侮辱に対し確固たる態度をとることで、二国間の緊張を緩和させる」[7] ことであった。

バットラーは一八三〇年一月、メキシコ市へ到着するが、彼はヴァン・ビューレン（Van Buren）から、テキサスの売却はメキシコの国益を左右するものであることを強調しなければならないと訓告されていた。そのための切り札として、米国への債務返済を強要することが提案された。これが米墨間の交渉に際し、常に米国政府がメキシコ政府に提示した重要な交渉カードであった。[8] しかし、バットラーの言動は威圧的で、しかもメキシコ政府高官に賄賂を行なうなど、その策略的な行動に非難が集まり、事態は紛糾した。[9] 苛立つバットラーは、一八三五年六月一七日付の米国務大臣フォーサイス（John Forsyth）に宛てた報告で、次のような意見を具申している。

テキサス併合は、その最善の気候、商業的機会、ルイジアナに匹敵する肥沃な土地からして、米国の富と資源を増大させることであろう。これにより、当該領域に急速に人口が集中してくるはずである。また地図上で検討しただけでも、テキサスを米国に割譲する条約は、テキサス併合が一連の序幕にすぎないこと、つまり最終的にヌエボ・メヒコ、アルタカリフォルニア、バハカリフォルニアという名称で知られるこれら全領域の占有をわれわれに可能にさせることは明白である。南はチワワ州の北東の端で分断される境界、すなわち、リオグランデに並行して太平洋に達する境界で、北は北緯四二度線である。グアナフアト、ハリスコ、サカテカスは最大ではないにしても鉱物の豊かな産出地である。米国が先の領域を領有できれば、大西洋と太平洋を結ぶことができ、アメリカ大陸のいかなる拠点も経由できるであろう[10]。

これを受けて、ジャクソン大統領はバットラーに、サンフランシスコ港をかならず包含するために、交渉額を五〇〇万ドルほど上乗せした[11]。しかし、バットラーの強引なやり方はメキシコ側の反感を買う結果となった。その決定的な事件は、バットラーが一時帰国し、再度メキシコへもどってくる際に途中テキサスに寄港し、ヒューストンと密会していたのが発覚したことであった。このためバットラーはメキシコ政府によって即刻退去を申し渡され、交渉は決裂に終わったのである。このように米国政府はメキシコ政府に対する政府間レベルの交渉を続けてきたが、テキサス独立戦争以前の段階で交渉は失敗し、独立運動の表舞台に米国政府が直接的に出てくることはなかった。従って、米国人のプランターや商人、あるいはいわゆる不法戦士がテキサスの独立期、および米墨戦争勃発までのテキサス共和国期における暴徒の歴史に関与し、その立役者になったのである。不法戦士とは、テキサスに居住するメキシコ国籍を有する移民、あるいは合法的な居住者はこれに含まれず、テキサス以外からの外国、とりわけ米国からの不法入国者であり、自国政府や国家を無視するばかりか、時にはそれと敵対する形で、強引かつ不法にメキシコ領域に侵入し内政（この場合はテキサスの分離独立）に武力を行使して干渉するような、一獲千金を目的とした暴力的で略奪的な非熟練武装集団と定義される。[12] これに対し、プランターの場合、多くはメキシコ国籍を取得しテキサスに定住していた。以上みたように、テキサスに合法・非合法で入国する者は、米国南部を中心とするプランターや不法戦士だけではなかった。これ以外に土地の投機や通商上の関心により、テキサスにおける領土獲得を支持する者もいた。その多くが米国北部の人間であった。従って、最終的にテキサスを米国連邦に編入させるシナリオは早い段階から現実性をかなり帯びていたことになる。経済力や投資力を有する北部はテキサスの土地と有価証券に投資しつつ、テキサスの獲得を虎視眈々と狙っていたのである。

## 二　アラモ砦事件と不法戦士

トラヴィスは一八三六年二月初旬にアラモ砦にやってきた。アラモ砦ではボウイ大佐とトラヴィス中佐の確執があったが、やがてボウイが病床の身になると、実質はトラヴィスが主導権を握っていた。その後、テネシーの不法戦士クロケット（David Crockett）がこれに加わる。

ここでアラモ砦を占拠し死亡した一八〇人余り（一八二一〜一八九人が公的見解、アメリア・ウィリアムズによると、一八七人）の出身地の内訳は次の通りである。[13]

**記念碑に彫刻された戦死者（中央にトラヴィスとクロケット）**
撮影：牛島万

**アラモ砦**　撮影：牛島万

**アラモ砦記念碑**　撮影：牛島万

一四五～一四六人（米国、大部分がテキサス、ケンタッキー、テネシー、バージニアの各州、三四人のゴンサレス援軍を含む）[14]

三四人（英国、アイルランド、スコットランド、ドイツ、デンマーク）[15]

八～九人（テキサスのメキシコ系）[16]

籠城していた反メキシコ政府派は、表面的にはテキサスに入植してきた米国人の暴徒化したものとみられがちであるが、それ以外に、メキシコ系のテキサス住民や、テキサス以外の米国人とヨーロッパ数ヶ国の出身者が含まれていたことがわかる。不法戦士の暴徒化という点でアラモ砦事件を分析する際、籠城者のなかにどの程度の不法戦士が含まれていたかが問題となる（巻末の史料を参照）。先にも述べたように、不法戦士とは、テキサス定住者ではなく、当地へ来て比較的日の浅い外国人でテキサスに入国する前後で義勇兵に登録した者、テキサス軍に入隊した者、および移民以外の目的で不法にテキサスに入国してきた者を対象とする。無論、その大多数が米国人である。そこで、アラモ砦に籠城していた「不法戦士」は、数名の例外を除き、多くはテキサスへ入る前に米国で登録を済ませ、その後、集団で不法にテキサスへ侵入していることが一連の史料から窺える。ケンタッキーとテネシーで登録する者が多かったが（デイビッド・クロケットは後者の募集に関与）、それ以上に、ニューオーリンズ・グレイズの所属戦闘員が最大勢力を誇っていた。とりわけ、テキサス入りの中継地としてのニューオーリンズの町は、まさにテキサスへの不法戦士の輸出拠点であった。

それでは、アラモ砦を最後まで防衛し絶命した一八〇余名のうち、どのくらいを不法戦士が占めていたのであろうか。アラモ砦事件より前の一八三五年一二月に計画されたメキシコのマタモロスへの遠征隊は、そのほとんどがテキサス内外出身の義勇兵で総勢五三〇人により編制されており、本来はアラモ砦の防衛のために現れたが、その後、マタモロス遠征隊に志願、配属されていった者も含め、ニューオーリンズ・グレイズの不法戦士に限れば一八〇人にのぼるともいわれている。[17]その数は全体の三三％であった。これに対し、アラモ砦の場合は、不法戦士は全体のおよそ四一％で、ニューオーリンズ・グレイズに限れば全体の一割程度に留まり、不法戦士が占める割合が少なかったことがわかる。[18]また、アラモ砦事件の犠牲者は一八〇人余りだが、マタモロス遠征隊の五三〇人、およびこの完遂を前に後退し、ゴリアッドでウレア軍によって銃殺刑に処された四四五人（いわゆるゴリアッドの虐殺）という数字（デ・ラ・ポルティージャの報告による）と比較検討すれば、そこから示唆されるのは、アラモ砦の軍備が極めて手薄であったことである。[19]実のところ、トラヴィスが再三にわたって当時のスミス暫定総督やヒューストンに援軍を要請したものの、結果的にこれは無視された。[20]その一方、アラモ砦には兵士たちの家族、女性、子供、あるいは奴隷までもが籠城していた。ディキンソン夫人（Susanna Dickinson）やエスパルサ（Enrique Esparza）少年のように、主人ないし父親が籠城していたという理由で、あるいはサンアントニオに進攻するサンタアナ軍から身を守るため、夫の不在中にアラモ砦に逃れたアルスベリ夫人（Juana Navarro Alsbury）などもいたのである。あるいはトラヴィスの奴隷ジョー、ボウイの女奴隷ベティの存在もあり、アラモ砦はまさに奴隷制の社会的縮図でもあった。以上のことから、不法戦士の暴徒化という単純な枠組だけでは、アラモ砦事件の全体像を正確に把握できない状況にある。つまり、実態解明に当たり、家族関係と生活環境を含めた社会史的アプローチが必要とされる所以に他ならず、序章で述べたように、アラモ砦事件が神話や伝説を創出する題材と化した基盤もそこにあると考えてよい。

## 三　独立と自由の象徴としてのアラモ砦事件

テキサスのメキシコに対する暴徒は独立と自由のための「革命」に寄与した人々と称されることが多い。本章第二節でみたように、不法戦士という性格には一獲千金的な冒険心、どちらかといえば、国よりも個人的利潤の追求が顕著であり、その欲望が暴徒化の背景にあったことは想像に難くない。真の独立を最大の目標に掲げつつ、自己の生命の危険を冒してまで戦闘に参加し、個を超越して国家に身体と生命を捧げるという、より国家的で政治的な思考の下でアラモ砦事件が勃発したことを確証するには、さらなる検討が必要であろう。現実には、そもそもテキサス内で義勇兵に志願する者が少なかったという事情があった。このため、テキサス政府はくじ引きで徴兵を行なわなければならないほどであった。[21]その意味でも、ボウイ（当時四〇歳）、トラヴィス（当時二七歳）、クロケット（当時五〇歳）の三大主要人物の生い立ちを振り返り、彼らがいかなる理由でアラモ砦にやってきたかについて検討することは重要であると考える。

**①ジム・ボウイの場合**

ボウイ（ブーイ）は一七九六年、ケンタッキー州ローガンに生まれた。彼の家系は地元でも有名な奴隷領主であった。しかし彼が六歳の時、父親が殺人罪で逮捕され、これをきっかけとして、一家はフランス領ルイジアナに移住し、ジムを含めて兄弟たちは入隊した。その後、彼らは違法である海外からの奴隷密輸貿易にかかわった。そしてテキサスのガルベストンにあった奴隷市場から奴隷を米国南部へ運んだ。その後、奴隷貿易で荒稼ぎした資金により、七〇〇ヘクタールの広大な砂糖プランテーションを経営した。加えて、通商も手掛け、一八一九年、メキシコを攻撃する不法戦士隊に参加した。一八二九年、二四歳のセシリア・ウェルズと婚約したが、結婚前に

**ジム・ボウイ**

出所：Donald A. Jelinek, *Survivor of the Alamo, The Saga of Moses Rose*, Second edition, Jelinek, 2014, p. 30.

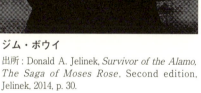

彼女は死んだ。その四ヶ月後、ジムはテキサス行きを決意する。

一八三〇年、彼はテキサスのナコドーチスやサンフェリッペへ来て、オースティンと出会う。彼はメキシコ国籍を取得し、カトリックに改宗した。彼がサンアントニオに来た頃、メキシコ政府は五〇〇〇ドルで一万六〇〇〇ヘクタールの土地を売却していたので、この購入資金をメキシコ人コアウイラ・テキサス州知事ベラメンディ（Juan Martín Veramendi）から借入した。数年後には三万三〇〇〇ヘクタールの所有者になった。ボウイはいわゆる不在地主で、自適悠々な生活を送るに至っていた。一八三一年、ベラメンディの一九歳になる娘ウルスラと婚約したが、この頃までに米国南部に遺してきた土地財産を売却した。ニューオーリンズへの新婚旅行費は身内からの借金で賄っていたようである。結婚後はサンアントニオに住居を構え新婚生活を始めたが、決してその裕福で幸せな生活は長続きしなかった。ジムの怠惰と事業の失敗により、ベラメンディ家の財産で食いつなぎ生活しなければならないほどであった。しかも最悪なことは妻ウルスラが三三年に病死したことであった。加えて、コレラはジムの二人の子供の命まで奪っていった（異説あり）。同年、失意のうちに、ジム自身も病に侵され始め、妻の死の翌月、彼は遺言書を書き変え、すべての遺産は兄弟のレジンとマーシャに相続させると改めた。

### ②W・B・トラヴィスの場合

一八〇九年、サウスカロライナ州で生まれた。一八一八年に家族はアラバマに移住し、そこで綿花プランテーションを経営し始めた。トラヴィスは、当初学校の先生になったが、のちに教え子の一人、ロザーナと結婚する。また、彼はフリーメイソン会員でもあった。一八三一年、おそらく仕事上の悩みで精神的に追い詰められ、トラヴィスはやがて妊娠五ヶ月になる妻と息子チャールズ・エドワードを残して、突如一人でメキシコ領テキサスへ移住する。移住先のテキサス州アナワックで、弁護士まがいの仕事を始める。彼はメキシコ国籍を取得し、カトリックに改宗したのである。そして、彼はテキサスで自分の土地を手に入れ奴隷を購入した。さらに、一八三二年、ベラスコ港の占拠に参加し、この頃から反メキシコ政府の意向を露わにする。彼は経済的困窮に見舞われていたという話もあり、転機を期待してやってきたテキサスにおいても、あまり人生に喜びを感じることはなかったのかもしれない。酒に溺れることはなかったようだが、勤労欲を失い、ギャンブルと女性との色事に耽った。別居中の妻と二人の子供に対して養育費を送ることもなかった。ところが、一八三四年、人妻で子持ちのレベッカ・カミングス（Rebecca Cummings）と恋仲になり、互いに離婚が成立したら再婚する約束を交わしていた[22]。ほぼ同じ頃、アラバマ州から妻が二人の

**W.B. トラヴィス**

出所：Donald A. Jelinek, *Survivor of the Alamo, The Saga of Moses Rose*, Second edition, Jelinek, 2014, p. 54.

子供とともに離婚の承諾を求めてテキサスのトラヴィスを訪ねてきた。トラヴィスは迷わずこれに同意し、一八三五年秋に離婚が成立した。レベッカ・カミングとの結婚を真剣に考えていたのかもしれない。他方、六歳になる実子のチャールズ・エドワードをテキサスに呼び寄せ、いっしょに生活しようとしたが、それも束の間、テキサス戦争の機運が高まるなか、チャールズを知人の家庭に預け、彼は一人アラモ砦に入城した。無論、レベッカ・カミングとの夢にまで描いていた結婚生活も実現しなかった。こうして、トラヴィスはアラモ砦の中でその生涯を終える。享年二七歳であった。

### ③デイビッド・クロケットの場合

一七八六年、テネシー州に九人兄弟の第五子として生まれた。フランス・ユグノー派（プロテスタント）の家系でアイルランドに渡った後、アメリカに移住した。学校には通っていたが、同級生とのトラブルにより、退学処分を受けた。それ以来、デイビッドは狩猟に没頭していくことになる。また、彼はバイオリンを奏するのをこよなく愛した。[23] 二〇歳の時、ポリー・フィンリーと結婚した。結婚当初は農業をしていたが、性格的には「野生児」として狩猟の方を好んだ。一八一三年、デイビッドは家族を残してインディアン遠征隊に志願した。しかしながら、九〇日の期限付きであったので、それが終了すると故郷へ戻った。一八一五年、妻のポリーがマラリアで死亡、その後、裕福な二人の子持ちの未亡人と再婚し、これ以降、政界に進出していく。一八二一年、デイビッドは州議員に当選し、さらに二七年、米国議会の議員として二期務めた（一八二七～三一年）。しかし結局、政治家は彼の本分ではなかった。そして、ジャクソン大統領のインディアン排斥法に反対したために、第三期を目指した選挙戦で敗れ、自らが公言していた通り、敗北の日の暁に米国を去ることを決意したのである。

一八三五年一一月には仲間二人とともにテネシー州メンフィスを離れ、メキシコ領テキサスにやってきた。途中、アーカンソー、オクラホマ、そしてテキサス北部の探検行を続けながら、一八三六年一月、テキサス・ナコドーチスに到着した。デイビッドは即刻テキサス自治政府を支持し、テネシー義勇兵騎馬隊（Tennessee Mounted Volunteers）に登録した。一八三六年二月三日、同隊がサンアントニオに到着し、そこでボウイとトラヴィスの軍隊と合流したのである。アラモ砦事件はその一ヶ月後に起こった。

**デイビッド・クロケット**

出所：Donald A. Jelinek, *Survivor of the Alamo, The Saga of Moses Rose*, Second edition, Jelinek, 2014, p. 40.

以上の生い立ちからわかるように、三人とも米国人で、テキサス生まれの者はいない。ただし、メキシコ国籍を取得したボウイとトラヴィスはテキサス定住者であった。しかもボウイはメキシコ人と結婚している。テキサスにやってきた時期は、ほぼ同時期の一八三〇年代前半で、ボウイが三〇年、トラヴィスは三一年、クロケットは三五年末から翌年始めにかけてであった。しかし、年齢的には二〇代後半のトラヴィスを除けば、ボウイは四〇歳、クロケットは五〇歳で決して若くはなかった。クロケットは不法戦士と認定されることになる。ボウイはかつてそうであった。現に、クロケットは一八三六年二月、自らテネシー義勇兵として一二人とともにアラモ砦に入っている。[24] 職業については、ボウイはプランター、奴隷貿易等、トラヴィスは教師、弁護士、ジャーナリスト、プランター等、クロケットは狩猟、農業、州議員、連邦議員であった。つまり、ボウイとトラヴィスは綿花プランターの奴隷主であった。しかし、より重要なことは、異なる生い立ちの三人に共通する点である。テキサスへ移住してきた背景に、彼らの深い「失意」の念があったのは間違いないことである。換言すれば、テキサスこそ、自己の再生のための新天地として選んだ場所であったことが、すべての根源にあるのではなかろうか。彼らを政治的な観点だけでは評価できない所以である。

後章で詳しく検討するが、トラヴィスの有名な「線引き」について少し触れておこう。彼がアラモ砦に籠城している部下に対し、砦に留まり戦うのか、あるいは即刻立ち去るのか、を選択させるため、地面に線を引いて彼らの意志を確認したという話がある。ここから何を窺うことができるか。第一に、アラモ砦の籠城者の士気の低さとトラヴィスの統率力の低下である。実際に、国（正確に準国家であるテキサス共和国）に対する忠誠心や独立の達成を願う意志は、果たして、自らの「命」の代償と等価なものであるのか、と疑問をもつ者がいた可能性があったと解釈できる。第二に、「線引き」は、彼らが最初から「死」を選択していたことを意味する。なぜなら、それは同胞であるスミス総督やヒューストンからの援軍がなく、かつ唯一の頼みの綱であったファニン軍も自らの敗退により結果的にアラモ砦へ援軍を派遣できず、アラモ砦は完全に孤立し仲間から見離されていた状況にあったからである。しかも、メキシコ軍にアラモ砦は包囲されていた。ここからみてとれることは、ヒューストンとファニンからの援軍もなく、同胞から見放された、まさに陸の孤島のごとくであったことである。これではすでに、理念の追求前から「死」を強制されていることに等しかった。従って、彼らがはじめから「生」を選択することは不可能だったのではないか。彼らにはもはや「死」を選択するしかなかったのではないか。その失意の念は、不法戦士をイメージさせる略奪性や攻撃性をもった人物像でもなければ、自由と独立を追求する政治的な自由意志を有する戦士でもない。

トラヴィスの一八三六年二月二四日付の回状の一節は極めて意味深いものである。「私はできる限り長くこの状態を持続させ、そして自己の、かつ祖国の威信のために貢献することを決して忘れることなく、一兵卒として死ぬ覚悟である。『勝利』か『死』かのいずれかである」と書いている[25]。これはメキシコ軍に対するメッセージではない。同胞のテキサス政府や軍に宛てて書かれたものであり、最後の嘆願書であったと考えられる。トラヴィスは同回状でメキシコ軍の脅威を訴え、次のような前置きを記している。

敵軍は赤旗を掲げて攻撃態勢にいつでも出ることを示唆していた。それに対し、われわれは一発の弾丸をもって回答した。砦のわが軍旗はいさましく風になびいている。「われわれは絶対に降参したり後退したりしない」。そこで、自由と愛国心の名の下にある同胞、およびすべての米国人に求む。援軍を送ってわれわれを助けていただきたい[26]。

最後の文言は彼らの真の悲痛な「叫び」であろう。彼らは「死」を最初から抵抗なく受け入れようとしていたわけではなかった。そこには不法戦士にみられる動的なものは感じられない。しかし、不可解な点も残る。それは、アラモ砦はメキシコ軍に包囲されていたにもかかわらず、中の者は秘かに出入りをしていることである。二月二八日夜、トラヴィスに命じられたセギンらがゴリアッドからの援軍を求めるためにアラモ砦を密かに出発した。しかし、セギンらがシボロ・クリーク（Cibolo Creek）の浅瀬まで来た時、ファニンの先遣隊と遭遇した。[27]彼らはファニンの命で先行し、シボロのサンバルトロ農園でアラモへ運ぶための食糧を調達していた。そして、同隊長が二日遅れでファニンがシボロ・クリークに到着するという情報をセギンに伝えた。そこで、アラモの緊急事態を早急に知らせるために、セギンは通信伝達者に回状を託した。しかし、その後、ファニン軍はアラモに向かって進撃を始めたが、ゴリアッドがウレア軍によって攻撃を受け、その救援のためにゴリアッドに引き返しているという情報を受けた。[28]さらに、ファニンからの回答には、ゴンサレスにいるヒューストンの援助を受けるように指示があったため、セギンは即刻、ゴンサレスに向かった。その後、セギンはヒューストンによりアラモ砦にもどることを認められなかった。[29]

他方、マーティン（Albert Martin）とスミス（John W. Smith）の誘導で、三二人の騎馬銃隊がゴンサレスからの援軍として三月一日、アラモ入りを果たした。[30]同日、ハイスミス（Ben Highsmith）はゴリアッドに援軍を要請するため、アラモを出た。また、以前セギンが連れてきたテハノの義勇兵の多くは、当のセギンがいないアラモ砦から襲撃が始まる前に後にしたといわれている。[31]三月三日、クロケットと他二人は援軍を迎えにアラモ砦から出て、四日、新たな援軍とともに戻ってきたといわれている。ただし、その数は一説には五三人ともいわれているが、実際はこれほど多い人数ではなかったと考えられる[32]。同夜、先のスミスが仲間に応援を求めるため、アラモを出てゴンサレスに向かった。翌日、ハイスミスがゴリアッドからアラモにもどって来たが、周囲をメキシコ軍に囲まれ接近できずにゴンサレスへ引き返した。五日夜、二一歳の細身で荒馬乗りに長けていたアレン（James Allen）が、二度目のメッセンジャーとしてアラモから脱出した。彼がアラモから出た最後の使者であったといわれている[33]。

このように、アラモから逃げる術はあったはずである。しかし、その選択を採らなかったのはなぜか。どうして、合理的な選択をしなかったのか。真剣にテキサスの独立のためにアラモ砦に死に場所をみつけていたのか。また、その「死」を堂々と受け入れることのできる精神力は、果たしてどこから来るのか。あるいは、死ぬことに敗者としての論理の必然性はあるのか。彼らを英霊にするのもしないのも、彼らの思いだけで決まる話ではない。後世のわれわれが、どのように受け止め続けるのか、その歴史観にこそ大きく左右される問題である。

## おわりに

メイの提唱する通り、テキサス独立戦争を不法戦士の暴動として捉えると、少なくともアラモ砦事件の場合はそれだけでは説明しきれない部分が出てくる。それは、全戦闘員に対するいわゆる不法戦士の割合が少ないからである。他方、ボウイは不法戦士の経験があったし、クロケットは不法戦士としてアラモにやってきた。しかし、彼らの人生行路を見据えるとき、彼らが不法戦士的な暴力性しか持ち合わせていない戦闘員ではないことも証明された。

加えて、アラモ砦事件は、後に取り上げるゴリアッド事件と並んで、まさに「虐殺」の歴史的記憶に大きく左右されている。しかし、アラモ砦事件が他のサンハシントやマタモロスの戦いと大きく異なる点がある。それは、アラモ砦の陣営は進撃せずに、敵軍が進撃してくるまで、ただ死の機会を待っていた観がどうしても筆者には拭えないのである。マタモロス遠征の場合は逆に、不法戦士を含む五〇〇人強の米国人が略奪と通商の権益獲得を目的に、リオグランデを越えて、メキシコ領内の主要港を積極的に攻撃しようとした。その結果、志半ばで三五〇人（リンドリーによる）ほどがゴリアッドで銃殺刑に処されている。[34] テハノのセギンは夜間の使者としてアラモ砦から飛び出し、その役目を無事に果たしている。脱出できた者は彼一人ではなかった。

それでは、最後までアラモ砦に留まりアラモに死に場所を求めた意図は何であるのか。そこでとりわけ、トラヴィス、ボウイ、クロケットらに共通していた「失意」の念を重視してもよいであろう。彼らは公私ともに「失意」のどん底にあったのではないか。そこには当然、「死」という選択があってもおかしくない。すでにトラヴィスはアラモ砦入りをしてまもない二月一二日付の文書において、アラモ砦の中に一五〇人ほどがいて、「最後の一人までここを維持する、それはわれわれが不名誉よりも死を優先するからである」と述べている。アラモ砦の虐殺の背景を考える際に、味方によって見殺しにされたという解釈が可能であることがわかった。それでは、彼らの死の選択は、同胞に対する無言の「抵抗」であったのか。いずれにせよ、単純に不法戦士による暴徒化か否かというだけで、テキサス独立戦争の兵士たちのそのような性格を追究することはできないのである。

# 第四章　アラモ砦陥落とサンタアナの暴虐性をめぐって

## はじめに

アラモ砦といっても、実際は砦ではなかった。ただ、ここはサンアントニオの町から近く、メキシコのコス軍によって一時期、駐屯地に使われていたため、ここを征服したテキサス軍がそこから離れなかったという経緯がある。従って、アラモ砦を軍事的拠点に選んだことは戦略ミスであったという批判もある。しかし、籠城している者は最終的に一八〇人余りに及び、その家族や奴隷もここにいた。トラヴィスは早い段階から外部の仲間に使者を何度も送り、援軍を求めたが、その希望は叶わず、籠城を決意して一三日目を迎えようとしていた。まさしく彼らは生死を賭けて最後の戦いに挑もうとしていた。彼らの総合的な戦争遂行能力に問題がなかったわけではなかったが、少なくとも兵器においては概して申し分なかった。大砲二〇門以上、ケンタッキー・ロングライフル銃、二連発銃、ブラウン・ベス・マスケット銃五〇〇丁（コス軍撤退の時に没収したもの）を有し、薬莢、弾丸、散弾も十分であった。一人二〜四丁ほど所持できるほどであった[1]。しかし、その行為は極めて受動的であり、迫りくるメキシコ軍の攻撃をひたすら待ち構えるだけの「静的」なものだった。

## 一　アラモ砦陥落の全貌

一八三六年三月六日、籠城してから一三日目に入った。深夜三時までにメキシコ側では総攻撃の準備が完了していた。冬の厳しい冷え込みにより、待機している兵士たちは寒さで震えつつ、何時間もサンタアナの開始命令を待っていた。そして、その時がついに訪れた。朝方五時過ぎ、メキシコ軍はまだ薄暗いなかを月夜の光だけを頼りに、一歩ずつ静かにアラモ砦へ接近していった。

第一陣営である、コス将軍率いるアルダマ大隊（小銃兵、軽装部隊二〇〇人）およびサンルイスポトシ民兵大隊（小銃兵一〇〇人）は、アラモ砦の北西の塀を乗り越えようとした。第二陣営である、ドゥケ大佐（Francisco Duque）の前衛隊三九五人は、北側の塀から攻めた。彼らはトルーカ民兵大隊の小銃兵隊、軽装部隊およびサンルイスポトシ民兵大隊の小銃兵隊から構成されていた。第三陣営である、ロメロ大佐（José María Romero）率いるマタモロス大隊、および、ヒメネス大隊から編制される三〇〇人ほどの小銃兵隊が、東の塀から登って攻め入った。また、第四陣営のモラレス大佐（Juan Morales）率いるマタモロス大隊、ヒメネス大隊、サンルイスポトシ大隊の軽装部隊は、東南にある教会近くの逆茂木を乗り越えて侵入した。サンタアナ自身はアラモ砦の外郭の少し離れた地点で戦況を窺っており、外壁周辺にはラミレス・イ・セスマ将軍指揮する三六九人の騎兵を待機させていた。これらはドロレス連隊、ベラクルス小隊、コアウイラ歩兵中隊、リオグランデ駐屯軍歩兵中隊から編制

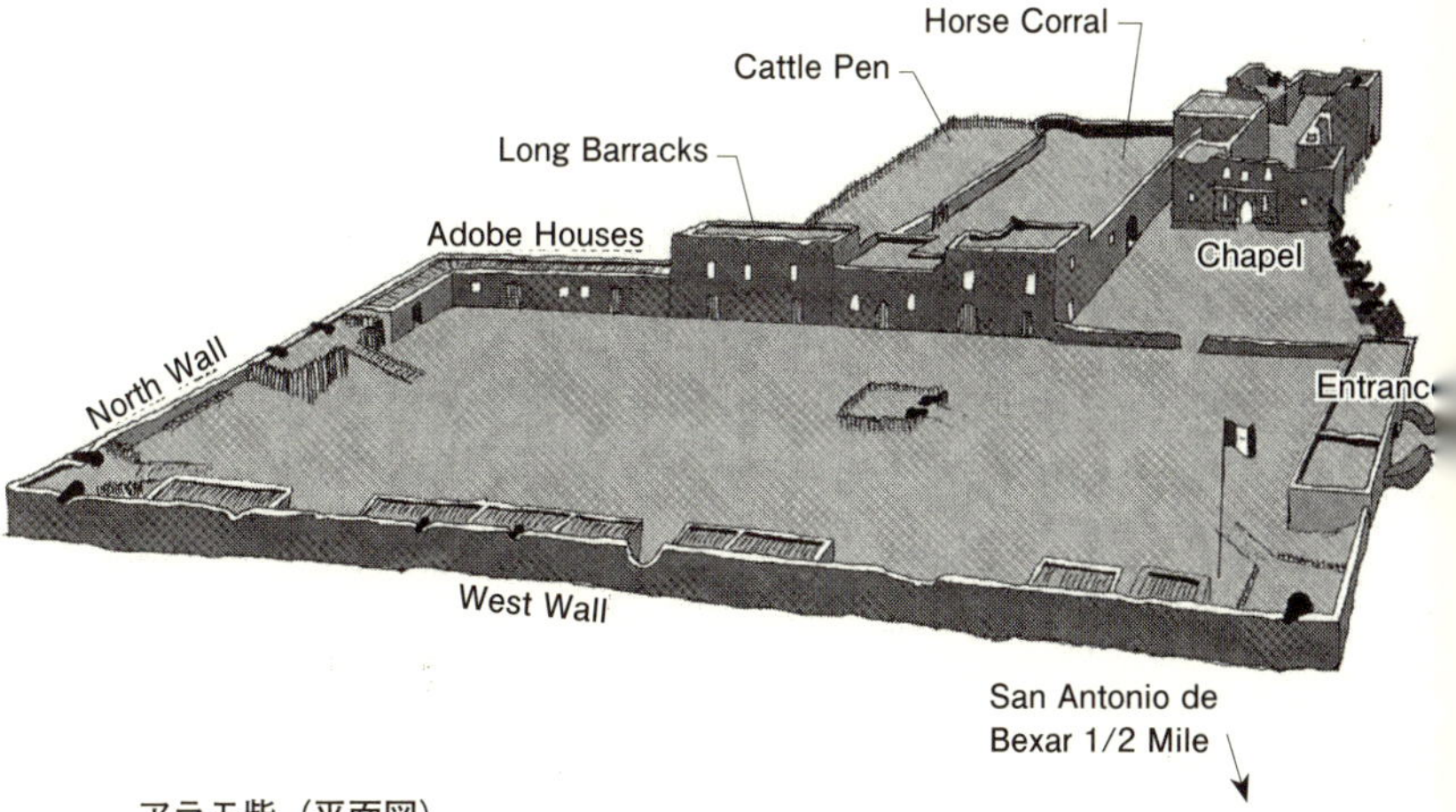


**アラモ砦（平面図）**

出所：Donald A. Jelinek, *Survivor of the Alamo, The Saga of Moses Rose*, Second edition, Jelinek, 2014, p. 158.

されていた。

最初は静かに接近していったが、やがて何人かの兵士が興奮したのか、または自らの士気を高めようとしたのか、「サンタアナ万歳！」、「メキシコ万歳！」と喚声を上げ始めたため、アラモ砦の籠城者たちに気づかれた。サンタアナは不意打ちの計画がうまく運ばなかったことに腹を立てていたが、逆にメキシコ軍の士気はより高まった。[2]

しかし、砦のなかのテキサス軍も執拗に抵抗してきた。そのため、コスは軍の態勢を立て直し、北西から西の塀へ移動しなければならなかった。ドゥケ大佐はすでに足を負傷しており、途中からカストリジョン将軍が代わって指揮を執った。ロメロ軍は発砲をまともに受け大勢の死傷者が出たため、それを避けようと北側に兵を移動させた。砦の北にはコス、ドゥケ軍の兵士も移動してきており、そこは兵士同士でごった返しになった。加えて、サンタアナの命令で、上級工兵隊（zapadores）が北側の壁をよじ登っていた敵兵を目がけ、弾丸、弓矢、石などを放ったことにより、近距離にいた者は敵、味方の区別なく、その流れ弾等の犠牲となった。さらに、アマドール将軍（Juan Amador）は梯子隊に北側の塀を登るように命じた。こうして、北側はほぼ制圧されたのである。他方、モラレスは南から南西へ軍を移動させ、壁をよじ登り突入していった。北側からアマドール、南側からモラレスの各部隊に挟み打ちにされた、多くのテキサス兵は一階建ての長屋のような兵舎へ逃げ込んだ。このときクロケットと数人はチャペルのなかに逃げ込んだとされている。他方、七五人ものテキサス兵が戦いの途中でアラモ砦から脱出し、アラモの塀の外のチャパラルの密林に身を隠そうとしたが（アラモ砦の戦いの途中に逃げる者がいたことは国史上の不名誉に値するのか、映画等で通常描写されない）、これを想定して待ち構えていたラミレス・イ・セスマの槍騎兵によって全員が殺された[3]。

戦闘開始から一時間も経たないうちに、戦闘はほぼメキシコ軍側に軍配が上がっていた。モラレス軍の兵士たちは兵舎をくまなくみて回り、敵兵が隠れていれば片っ端から殺していった。すると、このときに、暗室で病床の身である男を発見した。その手には銃剣とナイフが握られていた。彼こそ、ボウイであった。メキシコの下級兵士たちはおそらく、それがボウイであると気づいていたのであろうか。彼は無残にも滅多切りにされて殺されたのである（ジョン・ウェインの『アラモ』ではこの史実を無視し、ボウイは最後まで戦い抜く英雄として描かれているが、通常、多くの映画では病床で無残にも惨殺されるシーンが挿入されている）。

アラモ砦の最後の抵抗は教会の中でも続いていた。ここにはクロケットたちが逃れていた。教会入口の砂袋がどけられ、メキシコ兵がなかになだれ込んできた後、そこにいた最後のテキサス兵の息の根を止めた。このときに六、七人が囚われの身となり、後で処刑されたとされているが、このなかにクロケットが含まれていたかどうかは未だに謎である。[4]

## 二　サンタアナの残虐性の真相

以上みてきた通り、アラモ砦事件とは、戦闘員全員が犠牲者となったテキサス側からすれば、まさに完全な虐殺事件であった。そこには微塵の情けもなかったと解されるのが常である。しかし、メキシコの論理からすれば、メキシコ領土内における国家反逆の罪に問われ、投降の機会を与えられたにもかかわらず、それが拒否され、最終的に武力行使で鎮圧せざるをえなかったのである。サンタアナは籠城者に無条件降服を要求したが、大砲を放つことで徹底抗戦の覚悟をメキシコ軍に伝えたといわれている。これはアラモ映画でよく描写される有名な出来事である。

一九世紀後半から伝統的戦争法（戦時国際法）の本格的な発展がみられるが、この時代に安全保障のための戦争は肯定されていた。他方で、ルソーの『社会契約論』では戦時の個人に対する保護法益が重視されていたように、捕虜に対する人道的配慮や非戦闘の民間人の保護が強く主張されていた。[5]その時、テキサス戦争におけるメキシコ政府およびサンタアナによる捕虜の銃殺刑は国際法上、非人道的で違法行為の疑いがあったという見解には一理あるといわねばならない。しかし、テキサスはメキシコ領土で、不法に入国した外国人戦士が参加していたとはいえ、国家間戦争ではなかったため、当該国家（政府）が武装集団に対して武力行使で対応し、内乱罪等で刑事処分した、というメキシコ国内法を尊重する立場も当然のことながら、道理にかなっているといわねばならない。

しかし、米国の立場からすれば、当然メキシコ国内法での処分は不当であると主張するであろう。現に、メキシコ国を代表するサンタアナは従来、その残酷性がとりわけ強調される観がある。そして、それは今日まで続く、米国人からみたメキシコに対する「負」のイメージに連鎖している。近年、メキシコ側の史料の発見により、米国にとって好都合な論理、つまりメキシコの「野蛮性」を証明する史料を米国人研究者が引用することが少なくなく、これを通じて、その残忍性をメキシコ人自体の言説を通じて追究することにより、その確証をひと際高めようとする恣意的な意図さえも見え隠れしている。

その幾つかの事例をあげてみよう。次のようなエピソードがある。サンタアナは火に焼《く》べるため山積みにされた死体の間を歩き回って観察していた。そして、部下のウリサ隊長（Fernando Urriza）に向かって次のようにいった。「いいか、ウリサ。こいつらはひな鳥《チキン》なんだ。多くの血が流れたが、戦いは終わったのだ。このこと自体は大そうなことではないのだ」。[6] スペイン語でチキンを意味するpolloは、俗語で蔑視の意味を含蓄しているのである。

また、英国出身のカストリジョン将軍を慈悲深いメキシコ人将軍の代表として登場させることも同じ意図によるものであろう。カストリジョンがサンタアナに反論する代表的な上官として描写しているのが、デ・ラ・ペーニャ（José Enrique de la Peña）の記述[7]、カロ（Ramón Martínez Caro）の記述[8]などである。特に前者は、テキサス人史家が概して巧みに活用する根拠となる史料である反面、その信憑性が論議されている。一例をあげると、テキサス独立期に関する文献として定評のある歴史家ハーディンの『テキサス人偉業物語』（*Texan Iliad*）では、デ・ラ・ペーニャの史料を無批判で、自説の根拠として活用し、クロケットが処刑されるのを必死に止めようとしてサンタアナに意見するカストリジョンが描かれている（映画『アラモ2』と二〇〇四年の『アラモ』では、カストリジョンとサンタアナとの確執の場面が頻繁に登場する）。[9] 学界ではデ・ラ・ペーニャの史料自体が、その信憑性をめぐって未だに論争になったままである。[10] しかし、その信憑性の問題はさておき、カストリジョンというメキシコ人将軍を取り上げ、メキシコ側の史料を用いる意図として、表向きはより均衡のとれた歴史研究の探求、換言すれば、より史実に忠実である実証的歴史研究の完成を提唱し、その結果、一部のメキシコ軍人の人道性を明かし従来の定説を修正すると同時に、サンタアナの残忍性や暴君性をより確固たるものにさせていることを念頭に置かなければならない。

ライブズによると、アラモ砦事件とは、歴史上稀にみる生き証人を生かさなかった事件である。[11] しかし、証言者を生かすことを最初から考える戦いなど世のなかに存在しないだろう。強いていえば、アラモ砦という空間のなかに参加した人間は極めて限定されていたのは事実である。現場をみていない生き証人の存在のみならず、現場をみていたが、その真実を語らず、あるいは自己の言による直接的な語りが少なかったことも、アラモ砦事件をより神話や伝説の世界へと誘うことになったのである。スザナ・ディキンソンもその一人であり、現場にいながら実は隠れていたので現場を一部始終みていないが立派な生き証人となった。したがって、この生き証人の直接の語りは後世ほとんどみられない。語る人間とそれを伝承する人間は必ずしも同一人物ではないのである。他方、メキシコ軍の直接の語りはアルモンテ（Juan N. Almonte）、ウレア、フィリソラ、カロなどの報告書や回想録があるが、サンタアナの残忍性や不可解な行動などを描写しているのは、より下級のデ・ラ・ペーニャやウリサの言説であった。しかし、前者には原本がないため、信憑性に疑問がある。後者は、一八五九年にウリサの怪我を治療したというラバディエの伝承によるもので、ウリサの直接の語りではないのである。

以上のように、サンタアナの非人道的な性格が強調されるわけであるが、当のサンタアナは、これに対してどのような弁明をしていたのであろうか。

その手掛かりになる史料として、サンタアナが一八三七年に政府に提出した報告書が残っている。アラモ砦という閉鎖的な空間で起こった事件の真相を知ることは容易ではない。未だいくつかの不明な点が残っている。生き証人も少なく、メキシコ軍関係者の証言にも見解の相違がみられることが多い。しかも、その事実の認定や、その事実を反証するための第三の史料や証言が乏しく、結局は事実確証に至らないか、あるいは出てきた史料や証言を立証することなく鵜呑みしているのが現状である。後章のゴリアッド事件やサンハシントの戦いの章まで読者諸氏が読み進むことで、よりよく理解できると思われるが、サンタアナの統率力には多少強引な側面があると推察される。その結果が、サンタアナと部下の上官たちとの確執を生んだ。遠慮なくサンタアナに提言するカストリジョンとの間に衝突があったが、その他の上官はそれをみてみぬふりをするかのごとく、自由に意見を発言することに二の足を踏んだ様子が史料から看取できる。

サンタアナはメキシコ国に忠誠を誓う者として、不法外国人による武装集団と対峙し、テキサスの分離独立を許してはいけないという信念で闘志が高まっていた。当然、彼には若き頃のテキサス遠征の記憶も重なり、違法外国人から祖国を救出しなければならないと考え、武力行使に余念がなかったのは確かであった。彼は戦いに挑む前から、敵の多くがニューオーリンズから流れてきた不法戦士か、それ以外の不法米国人であり、正規の手続きを経て入国してきた移民は少ないと理解していたようだ。[12]つまり、武装化している不法戦士と対抗する手段として、武力行使は当然の措置であり、メキシコ国家転覆を図る民間人による犯罪であるため、メキシコ国内法で処理するのが当然と考えていた。これは政府、議会、司法の見解とも一致し、サンタアナはこれを尊重していた。[13]当時のサンタアナが大統領と軍最高司令官を兼務していた事情もあるが、表面的には軍の暴走と受け取られる行動を極力避けていたとみられる。従って、法に忠実であることが彼の基本姿勢であることをアピールするには、それ相当の理由があったのである。

しかし、アラモ砦の籠城者に対して、サンタアナ自身、個人的に慰みの気持ちがなかったわけではない。その最たる証拠として、アラモ砦の戦士に無条件降服を要求したことである。サンタアナは報告書のなかで、二度と同じ過ちを犯さないと誓願し、武器を捨て投降すれば命まで奪うことはないこと、逆にそれを受け容れないならば武力行使を行なうことを事前に彼らに伝達していたが、彼らがそれを認めなかったと述べている。[14]さらに、彼は次のように述べている。アラモ砦の戦いでメキシコ軍から七〇人の死者と三〇〇人ほどの負傷者が出たが、サンタアナは、同時にメキシコ人の血が流れたことを強調する。その彼らの亡骸を埋蔵する時、メキシコ国家に忠誠を尽くして血を流した同志に対し、率直に悲しんだと記している。さらに、軍は国家（政府）の刑法に従うのみであることを力説し、この点では、利己的な判断で行なったことではないと弁明しているようにも受け取れるのである。[15]

以上のサンタアナ自身の言説に接して、甚だ自己弁明的で、信憑性に欠けるという懐疑的な批判が当然起こってくるであろう。その理由は明らかである。それは、彼に対する従来の評価、つまり、非情で暴虐的な性格や日和見主義的な態度に対する批判が大きく作用していると考えられる。先にも述べたが、そのために客観的な第三の新史料が発掘されないといけないのであるが、その可能性がほとんど皆無である。現状において、史実探究に少しでも近づけるように、試行錯誤を続けていくしか有効な方法はないと考えられる。

## 三　奴隷解放者としてのサンタアナ

先の問題と関連し、サンタアナの非人道性に対して反論の余地が考えられることを示しておこう。サンタアナが何より、非難されるだけの「負」の存在ではありえず、極めて人間的な側面を有していたと考えるのが、奴隷制に対する嫌悪感であった。サンタアナは奴隷解放者であったという言説がある。ここで再度確認したいことは、アラモ砦の籠城者であるトラヴィスもボウイも奴隷保有者であったことである（一説に、テハノのファン・セギンも奴隷主であった）。現にアラモ砦のなかにはジョーというトラヴィスの奴隷が実在した。また、アラモ砦の籠城者は、ニューオーリンズ・グレイズに代表される一獲千金的な不法入国の暴力集団が占めていたのである[16]。その彼らが、そして後世の米国人が堂々と独立と自由を謳っていたのである。それでは、そのような者が提唱する「自由」とはいかなるものだったのか。おそらくその自由とは、アングロサクソン系白人による自治権の獲得という狭義の自由であったはずである。無論、広義の「自由」の理念を堂々とここでもち出すことはおこがましいであろう。それは、彼らが先住民インディアンに行なった殺戮行為からもわかることである。[17]

一八二三年に発効されたメキシコ帝政入植法三〇条に次のように明記されている。テキサスにおいて特別に奴隷を同伴させての入植は許可されるが、奴隷売買は認めない。また、テキサスで生まれた子供は、一四歳で自由人となるとされている。[18] さらに一八二七年、コアウイラ・テキサス州憲法第一三条では、「誰も奴隷としてこの世に生を享ける者はいない。同憲法発布から六ヶ月以降、奴隷制を禁止する」としている。[19]

繰り返しになるが、一八二七年以降にテキサスに入植してきたトラヴィスもボウイもファニンも、テキサスにおいて奴隷貿易や奴隷制プランテーションに従事していたのである。そして、アラモ砦のなかに少なくとも二人の奴隷がいたといわれている。一人はベティという女性の奴隷でボウイの食事係を担当していた。異説もあるが、ベティは、流れ弾に当たりアラモ砦の中で死んだといわれている。もう一人は生き証人となるジョーである。ジョーはトラヴィスの奴隷であった。サンタアナは女性、子供、奴隷だけは解放したのである。ならば、サンタアナは真の奴隷解放者であったといえるだろうか。

サンタアナは先の報告書で、次のように述べている。

また、テキサスには契約上の明らかな条件のもと、主人に同行して相当な数の奴隷が存在している。しかし、わが国の法律では奴隷は認められない。肌の色や混血に関係なく、法の恩恵でいかなる人間も保護されている国において、鎖でつながれている不幸なあの者たちをこの先我慢してみていられるであろうか。ともあれ、最初に解決すべき問題がいくつかある。米国人に移住を認めたときに犯したのと同じ過ちに二度と陥らないためにも、私にそれらの問題解決が命じられることを期待している。[20]

サンタアナは極めて法に忠実であろうとした。彼は行く先々の戦場で銃殺刑をやみくもに繰り返しているのではなかった。そこには、いわゆる「理性」的暴力がはたらいていたのである。彼の脳裏には確実に、次のような法的「線引き」があったはずである。[21]それはアラモ砦事件がメキシコの領土内で起こった国家への反逆事件である限り、メキシコ国内法による法的処置は一定範囲において妥当である。つまり、武装化しており、一般の民間人とはみなされない反逆者は、銃殺刑に処すと。問題はそれが裁判にかけられることもなく、即刻行使されることにあろう。しかし、これも戦争の現場では決して希有な事ではなかった。そうなると、ジョーはトラヴィスとともに武器を所持し戦っていたので、本来ならば刑に処されることになろう。ところが、サンタアナはおそらく、「憐みの情」をジョーに抱き、理性的選択ができない状況へ反転したのではないかと考えられる。しかし、それでも軍最高司令官および大統領として理性的選択に努めなければならず、サンタアナは別の線引きを用意することで、自他ともに法的に納得のいく解釈をしようとしたのではないか。それは、ジョーこそアングロサクソン系白人の抑圧を受け、過酷な歴史を背負い、しかもアラモ砦の中まで奴隷主に同行し戦闘行為を強要され、まさに刑に処されようとしている、二重三重の苦しみを強いられた、まさに奴隷の象徴であった。この新たな線引きにより、ジョーを奴隷の身分からメキシコの統治者が解放することに広義の「自由」の尊厳が見出され、まさにそれこそがサンタアナの「人間愛」から生まれた利己愛という理性的選択であったと考えられなくはないか。奴隷禁止令に違反する非人道的で不法なアングロサクソン系白人に二倍の屈辱を与えることで、法が暫定的に認める暴力として、虐殺を正当化する根拠にしようとしたと推察されよう。いずれにせよ、ジョーは武装化していたが命を救われたのである。しかし、従来メキシコ人はサンタアナにかわって、このような主張や弁明をすることもなければ、アラモ砦事件に対する言及そのものをなぜか避けてきた観があると思われる。[22]

## おわりに

サンタアナは中間層のクリオージョ出身の軍人であったが、その持前の行動力、人脈、および機知を巧みに使い、最高位まで社会的昇進をなし得た人物であった。彼は決して社会革命に関心はなく、改革は望んでも自己の権益が擁護されることが第一義であった。ところが、一八三〇年代、各地方で蜂起が高まり、テキサスもその例外ではなかった。テキサスの分離独立はメキシコ国家転覆による一大事件として憂慮されていた。そこでサンタアナが目指したのは国の統一と安全であり、具体的には中央集権制と軍事的圧力の強化であった。そして、法制維持のための法的暴力、つまり「正義の暴力」の行使をアラモ砦やゴリアッドで実行したのであった。武装化した反逆者を銃殺刑に処するのは、メキシコ国内法による犯罪に対する法的効果であり、決してサンタアナ個人へ責任を帰するものではない。サンタアナがテキサス人や米国人に、「非情」で「非人道的」であるといわれる背景には、彼が当時の法規や軍法、軍律に忠実すぎたことがある。[23] サンハシントの戦いでサンタアナは囚われたが、報復による極刑を望む党派を抑えて、ヒューストンおよびジャクソン米大統領はサンタアナを捕虜として生かし、最後にメキシコへ帰還させることにより、強引な分離独立を達成し、むしろその後の潤滑な外交を展開するうえでサンタアナに「恩」を着せたのであった。[24]「アラモ砦を忘れるな」(Remember the Alamo!)は、士気を高める効果はあっても、結果論ではあるが、決して報復の貫徹を目指すものではなかったのである。逆に、テキサスはメキシコ中央政府の決定や動向を完全に無視し、強引に「独立」を果たしたのであった。そして、少なくとも、米国に命を救われ温情を与えられたサンタアナは、その後自らがテキサスへ足を踏み入れることは二度となかった。ただし、例外的に部下に命じてテキサスのサンアントニオ遠征をさせたのが、一八四二年の出来事であった。バスケス(Rafael Vázquez)将軍(一八四二年三月)、およびウール(Adrian Woll)将軍(一八四二年九月)は、一時的にサンアントニオを占領したが、前者はすぐに降伏し、後者は不完全な占領の末、早期に撤退している。さて、この事件の背景に、サンタフェ事件があった。一八四一年一〇月、すでにテキサスはメキシコから強引に分離独立し、テキサス共和国が誕生していた。第二代ラマー大統領(Mirabeau Buonaparte Lamar)は、当時メキシコ領のヌエボ・メヒコ(ニューメキシコ)州のサンタフェを占領し、その通商を独占しようとしたが、見事にメキシコ軍に大敗を喫することになった。この報復が、一八四二年のメキシコ軍によるサンアントニオへの侵攻の理由として考えられている。他方、テキサス軍はさらにメキシコへの侵入を試みている。一八四二年一二月七日、八〇〇人ほどのテキサス兵がメキシコのラレドを占領し、一〇日後、ゲレロの支配も成功した。しかし、マタモロスからアンプディア（Pedro Ampudia）率いる四七〇人がミエルに派兵され、テキサス軍を制圧した。その結果、フィッシャー軍（William S. Fisher）の二四二人はその場で銃殺されなかったが、捕虜となった。そして、ベラクルス州にあるペロテ監獄まで永遠の「死の行進」をさせられたのであった。[25] 先の教訓は活かされることはなかった。そのことは道中の出来事で判明した。マタモロスからサルティージョへ行き着くまでに病気や事故、あるいは脱走で捕虜の数が五九人ほど減った。さらにサルティージョで、サンタアナの命令により、くじ引きで黒のインゲン豆を選んだ一七人が処刑され、その後、残りの者は強制労働を課された。最終的にベラクルスのペロテ監獄まで生存していたのは、アレシオ・ロブレスによると、フィッシャーを含む一〇七人であった。彼らは一八四三年に米国政府の交渉の結果、無事釈放されたが、フィッシャーはその二年後に死亡している。[26]

# 第五章　「アラモ砦」事件をめぐる史実と伝説の相克
## ――生き証人による語りの伝承における問題を中心に

### はじめに

一八二一年、メキシコがスペインから独立したことを機に、メキシコ領テキサスに米国南部からオースティンをはじめとする三〇〇世帯が合法的に入植してきた。入植当初はその人口は一二〇〇人程度（一八二三年）だった米国人も、一〇年ほどで約二〇倍に増えた。やがてメキシコの法や慣習を遵守しない無謀な米国人入植者が増えたこともあり、一八二九年には奴隷制の禁止、翌年には米国人の入植を禁止する法令まで発布されるに至った。しかし、期待するほどの効果は生まれなかった。さらに一八二四年連邦制憲法が三五年に中央集権制に移行すると、テキサスの自治活動により制限が加えられた。このような中央政府の動きに対する反対運動は、すでに一八三五年のゴンサレスでの叛乱を皮切りにテキサス各地に広がっていた。これを阻止すべく、首都メキシコ市から遠征隊を自ら率いてテキサスの叛乱を鎮静しようとしたのが、当時の大統領で軍最高司令官でもあるサンタアナであった。

一八三六年三月二日、テキサスは分離独立を一方的に宣言した。すでに一八三五年一〇月のゴンサレスでの決起以来、進攻しつつあるサンタアナ遠征軍に対抗すべく、テキサスでの戦闘の準備に余念がなかった。その矢先、アラモ砦で事件が起こった。当時、爆薬庫として使用されていたが、スペイン領時代のミッション（伝道所）であった、アラモ砦にテキサス叛乱軍の一部が籠城した。当初、サンタアナ軍がアラモ砦に直接進攻してくるとは予想もされていなかったが、同軍は二月二三日、サンアントニオに到達し、アラモを包囲した。そして、その一三日目の三月六日午前五時、アラモ砦への襲撃が開始された。一時間もかからないほどで決着がついたといわれている。中にいた総勢一八〇数人が絶命した[1]。サンタアナの配慮により、同様に砦の中にいた戦士の妻など、女性や子供、および一名の黒人奴隷は解放された[2]。

今日、テキサス州サンアントニオには修復されたアラモ砦があり、多くの観光客が訪れる代表的な名所になっている。独立や自由の歴史を観光化したアラモ砦を始めとして、複数の歴史的遺産はサンアントニオの表象にもなっている。アラモ砦事件は、熱心な史実探究の対象になっているだけでなく、同事件から生まれた数多くの神話や伝説が社会的にも影響を与え続けている。そこで筆者は、神話や伝説が生まれる一つの理由として、言説の伝承過程が関係していると考える。本章の目的は、アラモ砦事件にかかわる「史実」と、これが「伝承」された結果、史実と相克している事例をいくつか取り上げ、従来の研究者の見解をふまえて再考することにある。

## 一　サンタアナは奴隷解放者であったか否かという言説の背景

サンタアナの給仕係にベン（Ben）という元奴隷がいたといわれている。このベンがアラモ砦の遠征時に同行していたという記述が残っている。これによると、彼はもともと米国艦隊の戦艦のなかで給仕係として働いていたが、一説では、メキシコ人将軍でテキサス遠征にもサンタアナに同行したアルモンテがメキシコに連れ帰ったとされている。さて、元奴隷のベンに限った話ではないが、いわゆる当時の社会的弱者による直接の語りではなく、多くが人の言い伝えだとか、又聞きのケースがほとんどである。従って、その伝承の過程で事実が歪曲されることも稀ではない。

ニューウェルの『テキサス革命史』のなかで、ベンの言説が扱われている。アラモ砦事件の一八三六年三月六日の前夜から当日朝にかけてのエピソードである。サンタアナとアルモンテはサンアントニオの某所で作戦会議をしていた。ベンは彼らの食事の世話をしていた。決行の前日からメキシコ軍は作戦会議に余念がなく、夜通しサンタアナとアルモンテがコーヒーを飲んで起きていたので、ベンは床にもつけなかった、と半ば不平を述べている。当日、サンタアナは少し苛立っていた様子であった。ベンはサンタアナにコーヒーをひどく急かされ入れた。その後、アラモ砦の一件が片付き、サンタアナとアルモンテは襲撃当時、アラモの外にいたが、なぜかベンはアラモに同行するように命じられた。そしてベンは、トラヴィスとボウイの亡骸はどれかと尋ねられたので、彼はそれらの死体をみつけ指を差したというのである。

では、どうしてベンはトラヴィスとボウイのことを知っていたのであろうか。これについては、エドワード・スティフは『テキサス移民』のなかで、ベンは以前ワシントンでクロケットに会ったことがあるので認識できたとし、おそらくトラヴィスやボウイのことも何かで覚えていたのであろう、と述べているが、他方、このエピソードを全く否定し、ベンとジョーを取り違えているのではないかという見解もあり、本当のところは不明である。

では、ここで、アラモ砦にかかわった、実在した確証の高い黒人奴隷と評価されている、トラヴィスの奴隷ジョーについてみておこう。彼はサンタアナに命乞いをし、それが認められた。その後、ディキンソン夫人と並んで重要な生き証人の一人として数えられたが、この言説もまた「伝承」である。一八三六年四月一一日付のニューオーリンズ商業通報編集者宛の匿名の手紙のなかで、「私はこの黒人の少年から聞いた（傍線部筆者）」と前置きをしたうえで、ジョーについて語られている。これによると、ジョーにはおそらくメキシコ人と共通する血が流れていたからこそ、命が救われたのではないかと書かれている。人種差別を受けていた者が皮肉にもその「負」の思考に完全に支配されていた、とでもいうのか。ところで、ジョーは一八一三年か一八一五年の生まれで、一八三六年当時、すでに二一歳か二三歳になっており、すでに少年とはいえない年齢に達していた。従って、「少年の黒人」とは、ベンのこととかもしれない。

ジョーについてもう少し述べておこう。ジョーの目の前で主人のトラヴィスが亡くなったとされているが、ジョーのその直後の行動や本心はどうだったのかは不明である。映画の世界ではどうであったか。ジョン・ウェインの『アラモ』（一九六〇）では、ジョーは登場しない。代わりに、ボウイの奴隷サムと思われる年配の人物がボウイの身代わりになって槍にさされて亡くなるというシーンが出てくる。さらに一九八七年製作のバード・ケネディ監督の『アラモ2』では、主人の亡骸を抱いて涙するジョーが描かれている。別のシーンでは、ジョーは悩んでいる主人トラヴィスを諭す場面もあり、両者が半ば対等な、友達関係のように会話している親密な雰囲気は、当時の社会の現実から乖離した、完全に独自のフィクション世界を形成している。他方、二〇〇四年製作のジョン・リー・ハンコック監督の『アラモ』では、目の前で亡くなった主人トラヴィスをみて、急に闘争心が失せ、奥に隠れて身を潜めるジョーが描かれている。そして彼は「私は奴隷です。撃たないでください（Soy negro. No disparo)」というスペイン語を繰り返し、命乞いに備える姿が映し出されている。

　別の言説をみてみよう。これによると、アラモ砦の戦いの場面で、メキシコ軍が塀にかけた梯子をよじ登って砦のなかに入り、トラヴィスに止めを刺したのはモラ将軍であったという。剣で一突きであった。一五〇人のほどの人間が素手で武器を持つメキシコ兵を相手に勇敢に戦っていたという。トラヴィスの亡骸は銃剣で何度も突かれた。コス大佐は剣の切れ味を楽しんでいた。ジョーは、アメリカ兵の息の根が完全になくなるまでメキシコ兵は刀で突き刺していたと発言した。ジョーを救ったのはメキシコの将校バラガン（Manuel Barragán）隊長であった。隠れていたワーナー（あるいはウォーカー）は最終的にサンタアナの命令で処刑された。何人かのネグロとメキシコ人の夫人がいたが、彼らは全員助かった。一人の黒人の女性だけは流れ弾に当たって死んだという。[3] 別の史料によると、この女性奴隷はベティであると思われる。[4] ジョーによると、彼女は戦いの最中に逃げようとして撃たれたという。アルスベリーの妻フアナはメキシコ系のテハナであったが、その姉妹も命拾いした。[5]

戦いの後で、一人のメキシコ軍将校が英語で「ここにネグロは隠れていないか」と探し回っていた。そこで、ジョーは即座に、「はい、ここです」と名乗り出た。すると、二人の兵士に銃剣を突きつけられ、捕まえられたので、一瞬の隙を狙って逃げようとした。そのとき一人の兵士が彼を撃とうとしたが、それを制止したのがバラガンであった。そこにサンタアナが現れた。ジョーの描写によると、サンタアナは細身だが立派な体型をしており、比較的背は高い（二〇〇四年製作の『アラモ』では、デイビッド・クロケットは、サンタアナに、「思ったほど背は高くないんだな」と、皮肉を述べている）。はっきりした顔立ちで、はつらつとした様であったという。服装は極めて地味でメソジストの牧師のようだった。ジョーは数日拘束された後、解放されたという。[6]

ところが、ディキンソン夫人の言説によると、最終的にジョーは逃亡したように述べられている。ところで彼女の語りもまた新聞記者の言説のなかで処理された伝承となっている。ディキンソン夫人の言説をみてみよう。以下、要約である。

しばらく自分の運命がどうなるのか不安であったが、やがてメキシコ軍の英国人大佐[7]がやってきて、メキシコ人は女を殺すためではなく、男と戦いに来たのだといった。アルモンテの尽力で、スザナは子供とともにアラモ砦を立ち去ることが認められた。その前に、地方長官であったムスキスの家に連れて行かれ、それから馬車で町を離れた。[8]しかし、サラド川まで来た時、彼女は草むらに隠れていたトラヴィスの奴隷を発見した。[9]むこうもディキンソン夫人に気が付き、草むらから出てきた。戦いで負傷していた七五人についても全員殺されたと聞き、驚いた。トラヴィスの奴隷はしばらく同行していたが、一五マイル（二四キロメートル）ほど進むと、前方から誰か三人（二人という言説もあり）がやってくるのがみえた。ディキンソン夫人は格別怖がっていなかったが、奴隷はコマンチ・インディアンではないかと一瞬恐怖を感じた。しかし、それはテキサス軍であることがわかった。彼らは全員が「白人」と知り、大いに喜んだと書かれている[10]。

前掲の一八七八年のオハイオ州新聞では、トラヴィスの奴隷をベンと述べているが、これはジョーの間違いであろう。一八八一年の『サンアントニオ・エクスプレス』紙のディキンソン夫人の言説ではこの点を改め、トラヴィスの奴隷と明示し、ジョーの名はどこにも出てこない[11]。ところで、ジョーが草むらに隠れていたのが事実だとすれば、ディキンソン夫人はサンタアナの給仕係であるベンとともに、アラモを無事に出て、彼のエスコートで馬車は進行していったと解釈できるが、果たして、この馬車にジョーが含まれていたのか否か、両方の見解がある。例えば、一八四〇年の『テキサス移民』では、「この児童（ベンのこと）とトラヴィスの奴隷といっしょに、ディキンソン夫人はテキサス軍のいるグアダルペ川のゴンサレスまで護衛がついた」とされている[12]。

メキシコ人ノンフィクション作家のタイボ（Paco Ignacio Taibo）によれば、サンタアナはトルネル宛ての回状のなかで、黒人奴隷はメキシコ領に入ってきたという事実をもって自由人となる、と述べている。これはサンタアナが奴隷制に反対の立場にあったという一つの根拠であると主張している。サンタアナは、アングロサクソンの最大の悪事である奴隷制を廃止するためにテキサスにやってきたと述べている[13]。

## 二　ディキンソン夫人をめぐる言説

生き証人のなかで最も脚光を浴びてきたのは白人女性であったディキンソン夫人であろう。ただこれもまた多くは「伝承」である。当初、夫をアラモ砦で亡くし、娘を連れて砦を無念のうちに去らねばならなかった、ディキンソン夫人の言説に対する信憑性には高い評価があった。しかし、この白人女性は生き証人として、事件以降何度か数社のインタビューを受けているが、彼女自身の発言でなく、それを記者が間接話法で書いた記事がほとんどであった。彼女の「語り」は、自叙伝的な記述ではなかった。従って、記者の誇張の部分も少なくなく、果たしてディキンソン夫人の言なのか、記者の言なのかが不明な箇所もある。実際、別のところに身を潜めていたディキンソン夫人が、いかにして外の戦いの状況を知り得たかという根本的な疑問が残る。ではディキンソン夫人であるスザナ・ディキンソン（後世スザナ・ハンニング）の言説をみてみよう。以下、要約である。

嵐のような戦いが始まって終わるまで一時間とかからなかった。トラヴィスに事前の許可を受けていたので、クロケットは弾薬に火をつけようとしたが、その矢先に殺された。テネシー州出身のデイビー・クロケットは西部の偉大なハンターであったが、彼の死もその人生に相応しい限りの華やかなものであった（傍線部は筆者による）。彼と彼の仲間はたくさんの襲撃隊に取り囲まれていた。クロケットらはテキサスの自由のための祭壇の生贄として捧げられたはずなのに、クロケットの顔はいつもと変わらなかった。その死に顔は、森や平原の野獣を追い求める勢力的な人物のそれに他ならなかった。まさにテキサスのための殉教者として、テキサスが彼を呼んできたのだ。トラヴィス中佐は塀の上に乗って仲間に喚起の声をあげていた。するとやがて彼は二度目の銃弾を浴び倒れた。そのときメキシコ軍のモラ将軍はすかさず彼のもとに走り、剣で止めを刺した。それでもトラヴィスは最後の力を振り絞って、逆にモラに切りつけた。すると、お互いの立場が逆転した。やられたものがやり返し、二人の亡骸は永眠に深い眠りに陥った。

ところでトラヴィスのネグロは解放された。メキシコ兵が彼にいっていたのは、彼の主人は勇敢だったと。その言葉自体がすでに一つの墓碑銘である。それはテキサスの勇士に刻まれているし、きっとトラヴィスの墓にも刻まれることであろう。ジェームズ・ボウイ大佐は数日間病床の身にあり、その病床で殺された。彼の亡骸はひどい損傷を受けていた。

生気を失った経験はわれわれが語る理由となった。そしてわれわれは今後もそれを語り続ける。ディキンソン夫人とその女児、ボウイとトラヴィスのネグロも命拾いした〔傍線部は筆者による〕。

**スザナ・ディキンソン**

出所：Ángela Moyano Pahissa, *La pérdida de Texas*, Planeta, 1991, p. 114.

われわれの死者はキリスト教の埋葬される権利を否定された。われわれは彼の灰をかき集めて墓に入れてあげようと思う。[14]

敵はこの戦いで死者負傷者合わせて一五〇〇人にもなったということである。[15]

以上は、先にも指摘したように、ディキンソン夫人の直接の語りではない。従って、ディキンソン夫人の語りの伝承内容における信憑性に疑わしい点がないわけではない。つまり、数人と隠れていたディキンソン夫人が、外で行なわれている戦いで、重要人物がどのような最後を遂げたかということについて、実に克明に記憶していることである。考えられることは、拘束されているときに知り得たメキシコ軍の特定の軍人や兵士からの情報が、おそらくディキンソンの言説の一部と化していることである。ところで、筆者が記した傍線部についてはとりわけ問題点を含んでいる。

第一に、「デイビッド・クロケットの死」についてである。要するに、デイビッド・クロケットは戦闘中に殺されたのか、あるいは戦いが終わったあと仲間とともに処刑されたのか、という論争がある。例えば、先のディキンソン夫人の言説によると、どちらとも判別がつかない。ディキンソン夫人の当該言説では「仲間のハンターとともに」という記述があるだけで、描写の時系列が定かではないし、処刑されたとは明言されていない。[16]

もう一つは、「ボウイのネグロ」とは、サムのことか。この存在については史料に基づく確証がとれていない。なぜならば、その他ほとんどの言説では、ボウイの奴隷の言及はみられないし、ディキンソン夫人の別の言説にはこの情報は記されていないからである。さらに一八七六年のディキンソン夫人の言説ではジョーが唯一の黒人であったと述べている。[17]

他方、言説は、フィクション性を含む「物語」や「伝説」を、自由に創作してしまう。従来、物語や映画の世界ではよくみられたが、ディキンソン夫人とサンタアナのラブコメディーが存在しているほどである。もっともこれを生み出した原因は、ディキンソン夫人の言説、より正確には、他者により伝承されたディキンソン夫人の言説にあったのである。次の節である。

ディキンソン夫人の脱出は彼女が囚われたときと同じほどの恐怖を伴うものであった。サンタアナはディキンソン夫人に子供も一緒にメキシコに行かないかと提案した。サンタアナは彼女がテキサス人としてこのなか（アラモ砦）での恐ろしい話の伝承を恐れていたし、またその結果、サンタアナは自分自身で彼女を殺してしまうかもしれないという衝動に悩んでいたからだ。ディキンソン夫人は述べているが、われにかえって自分の置かれている現実に直面した時、彼女は悲しみに打ちひしがれ、数日、自分の感情を制御できない状態にあった。[18]

この言説は、ディキンソン夫人の三年後の言説にはみられない。[19] しかし、サンタアナがディキンソン夫人に関心があったという物語はラブコメディーの様相を呈し、「歴史」から乖離した全く独自のフィクション世界を展開していったのである。[20] さらにいえば、第六章で詳しく述べるが、サンタアナはディキンソン夫人以上に、通称イエロー・ローズといわれた黒人奴隷のエミリー・モーガンやサンアントニオ在住のメキシコ系メルチョラ・バレラ（Melchora Barrera）への熱愛など、明らかに事実を超越した伝説の領域が、米国テキサスという空間で、米国人により「創作」され、それが史実のごとく罷り通っていることが、ある意味、恐ろしくもあり、「笑い」でもある。

## 三　トラヴィスをめぐる言説

ここでは、次の二つの点について取り上げよう。一つは、有名な「トラヴィスの線」（Travis's Line）の問題である。もう一つは、トラヴィスは、サンタアナ軍の攻撃を受ける前からすでに降服を考えていたかどうか、についてである。

アラモ砦に立て籠っているトラヴィスが、部下に対し、最後の選択をさせた有名な「線引き」の問題である。砂地に線を一本引いて、ここに残りたい者は線を越えてこちら（トラヴィスの方）に来させたという事件は、病床にあるボウイをメキシコ兵が襲撃するという場面と同じほど、従来のアラモ砦に関する映画や小説の中で、必ずといってよいほど描かれている有名なシーンである。まず本件の確証については、当然メキシコ軍ではなく、なかにいたテキサス軍の誰かの証言が手掛かりとなるわけであるが、結果的に生き証人であるディキンソン夫人、および襲撃を受けた当時は現場にいなかったが、病床のボウイの看病のためアラモ砦に出入りをしており、偶然現場を目撃したとされる通称マダム・カンデラリア（Andrea Castañón de Villanueva/ Madame Candelaria）の言説からこれが証明されている。

ディキンソン夫人の言説は、一八八一年の『サンアントニオ・エクスプレス』紙上で紹介されている。

トラヴィスはみんなを集め、剣で砂に線を引き、こう言った。わが兵士たちよ、これから私は自分に課された運命を受け入れるつもりである。私の考えに従う者は、ここ（アラモ砦）に留まることを認める。でも出て行きたい者は出て行ったらよい。では、私が引いたこの線を越える者は、さあ、こっちに来い[21]。

また、マダム・カンデラリアは、後世アラモ砦に纏わる言説を語る最後から二番目の生き証人であった。一七八五年にテキサスのラレドで生まれた彼女は一八九九年頃に亡くなったとされるが、優に一〇〇歳を超える語り部であったわけである[22]。ちなみに最後の生き証人はエンリケ・エスパルサ（Enrique Esparza）であったとみられる。当時、彼は自分の父親に連れられて、母親と弟といっしょにアラモ砦の中に立て籠っていた。事件当時八歳であった。マダム・カンデラリアによる言説は一八九九年の『セントルイス・リパブリック』紙上で述べられているが、これも彼女の言説の伝承である。高齢であるにもかかわらず、線引きのことを明確に「記憶」している。

マダム・カンデラリアはトラヴィス中佐のいった内容は覚えていないが、彼が地面に自分の剣で線を引いたのを確かに覚えていた。そしてトラヴィスはテキサスのために死ぬ覚悟のある者は全員こちらに来いといった。彼ら全員が速やかに線を越えてトラヴィスの側に立った。ただし二

**マダム・カンデラリア**

出所：Crystal Sasse Ragsdale, *Women and Children of the Alamo*, State House Press, 1994, p. 49.

人だけがその場に留まった。そのうちの一人はすみやかに砦から姿を消した（ローズのことと考えられる）。もう一人はジェームズ・ボウイであった。彼は懸命に立ち上がろうとしていたが、それができなかったからだ。彼の瞳からは涙が零れていた。そして彼はこう言った。「みんな、誰も俺をそこまで運んで行ってくれないのか」と。デイビー・クロケット大佐とその他の何人かがすぐさま彼の寝ているベッドに近づき、その勇敢な男を運んだ。マダム・カンデラリアは、クロケットがしゃがみ込み、しばらく小さい声で彼と何かを真剣に話しているのをみていた。

ところで、この線引きの話を逸早く語ったのは、紛れもない、この時一人アラモから脱出したといわれているルイス・モーゼズ・ローズ（Louis Moses Rose）であった[23]。しかし、これもまたローズの直接の言説ではなく、伝承である。しかもローズがアラモから逃げた先がズバー家であったが、そこの主人がローズと知人で、ローズが一連のアラモ砦のなかでの出来事について語ったとされている。そしてその妻が子供であるウィリアムにこの話を初めてしたときは、アラモ陥落からすでに二〇年以上も経過していた。しかも、このウィリアムが自書で初めてこの事実を明かしたのは一八七八年のことであった。ところが、不思議なことに、これまで本件について語らなかったディキンソン夫人やマダム・カンデラリアも、これ以降「線引き」の件について語り出すのである。ローズの語りが、「線引き」の意味とその描写が鮮明である分だけ、脚色の部分が含まれている可能性をも念頭に置いて批判的に読んでいかなければならない。では、一八七八年のウィリアム・ズバー（William Physick Zuber）による「アラモ砦からの逃亡」から、関係ある場面に関する言説について触れておこう。一八三六年三月三日早朝、つまりアラモ陥落の二日前、トラヴィス中佐は軍隊行進をさせていた。やがて彼は皆に対し演説し始めた。以下、要約である。

トラヴィスは、自分はこれまで援軍が来ると皆に嘘をついてきたが、その理由を今からどうか聞いて容赦していただきたい、と述べた。本当は今でも援軍が必ず来ることを期待しているが、現実には何も動きがみられない。メキシコ軍の接近は予想外に早い。わが同胞に、われわれの置かれている状況が情報として伝わっていないのではないかと思う。ファニン大佐へ使いの者を送ったが一向にもどって来ていない。考えられることはメキシコ軍の手中に陥っているか、あるいは経路が遮断されているかである。私は助けが来るまでここに留まることに決めた。同じ考えの者はここに残ってほしい。しかもメキシコ軍の兵隊数がわが軍の二〇倍以上であり、ここから脱出することはほぼ不可能である。またメキシコ軍が降伏を要求してきているが、これに服することは屈辱であり、アラモ砦が、彼らの巻き起こす嵐で乗っ取られる可能性があっても、これまでわれわれ一人一人が銃剣をもってその脅威を退けてきた。わたしはここで正直に現状について話さなければならない。周囲はメキシコ軍に囲まれ、われわれを殺すことぐらいは朝飯前である。戦力もない現状では決してわれわれは助からないと考える。われわれはだからといって敢えて降伏はしない。そのことはここに掲揚されている黒旗が物語っている。敵軍によって輸送経路が遮断されたならば、一〇分とかからないうちにわれわれは破滅するであろう。あとはここに最後まで残って戦うだけである。われわれが全員虐殺されるのは時間の問題である。サンタアナは容赦なく行なうであろう。我々は死する運命にある。我々は生命を長らえることはできなかったが、死に様を選択することはできるのだ。そこで三つの選択を与えよう。第一は、一人のメキシコ人たりとも撃たないうちに降伏する。第二は、メキシコ軍がわれわれの行く手を遮断し、敵の二〇人も殺さないうちに滅多切りにされること。私はこのいずれも拒否する。

そこで残された選択は、このアラモ砦で戦い、自分たちの命を売ることである。メキシコ軍をできる限り殺すべきだ。我々全員の命が果てるまでやるべきだ。そうすることで、きっと敵の勢力を弱め、我々の同志が事を解決してくれるだろう。そして独立を獲得してくれるだろう。そこで独立だけではない、われわれの国と家族のための財産と幸福をも与えてくれるであろう。そこで、皆一人ひとりに決断を求める。降参したい者はそうすればよい。ただし、逮捕され極刑になるかもしれない。あるいは、逃げたい者は逃げればよい。しかし、メキシコ軍に包囲されており、一〇〇ヤード（九一・四四メートル）も行かなうちに殺されるだろう。しかし、それも自由だ。私は、ここに留まり祖国のために死ぬことを選ぶ。生きている限りは戦い抜いてみせる。たとえ私一人でも、この気持に変わりはない。みんなは自分たちの好きな決断をしてくれ。そのうえで、私とともに死んで、死の瞬間に私を安堵させてくれる者は誰かいないか。

こう話してから、トラヴィスは自分の剣で、地面に一本の線を引いたのである。[24]

以上みてきたように、最後のズバーによるローズの言説では、「線引き」という象徴的な出来事に焦点は置かれていない。かわりに他のディキンソン夫人やマダム・カンデラリアの言説と異なり、「線引き」に至る前置きとなる背景が詳細に描かれていることである。換言すれば、ローズ言説はもう一つの論争、トラヴィスが最初から降服を考えていたかどうかという点についても、ここで一定の回答をわれわれに与えているように思う。つまり、トラヴィスは降服を拒否しており、それを最初から受け身的に受け入れようとしていたのではなかったことがわかる。セギンのことであると思われるが、使者を派遣し、打開策に乗り出していたのである。しかし、結果的にその使者も戻らず、絶望の最中にあったことは事実のようである。そして、その意味では、生きてアラモ砦を出る可能性はないものとして、ほぼ完全に期待を捨てていたことがわかる。線引きの段階で、三つの選択肢のいずれも「死」を伴っており、その意味では、「死」への覚悟は最初から出来ていたといえよう。従って、独立の自由を追求する彼らに、それとは逆に、その遂行前からすでに「自由」はなかったことを意味していた。せめて立派な死に様をみせつけ歴史に名を連ねたいという最後の自由願望が働いた結果が、アラモ砦の虐殺が後世ある意味、オフィシャル・ストリーとして讃美される理由になっている。そして、このことが、トラヴィスが最初から「死」に対して従順であったという、飛躍的な解釈にまで発展したと考えられる。

## 四　デイビッド・クロケットの死をめぐる言説

デイビッド・クロケットの死をめぐる論争は、近年最も注目を浴びているものである。これまでデイビッド・クロケットは、トラヴィスやボウイなどとともに、戦いの最中に死んだと考えられてきた。ジョン・ウェイン監督の『アラモ』（一九六〇）、および『アラモ2』（一九八七）のなかでも、それが忠実に描写されている。しかし二〇〇四年のジョン・リー・ハンコック監督の『アラモ』では、これを完全に否定し、クロケットを最後まで生かし、最終的にサンタアナを冒瀆し屈しなかった彼は、極刑を受けて果てるというシナリオで終わっている。この見解は、一八三〇年代の史料に基づいたものである。しかし、この見解を支持する者が少数派であったことと、まさに「伝承」の様相を呈していたため、その信憑性が低く、史料的価値が軽視されてきたという経緯がある。その史料とは二つあり、一つは米国新聞の匿名記者と自称する人物の報告（一八三六年七月）と、ドルソンの手紙（George Dolson）である。ともに米国人による確証のない「伝承」であり、現場にいたはずのメキシコ人の言説ではなかったためである。従って、これらの言説は、概して無視され続けたのである。

ところが、その後、二〇世紀半ばになって、アラモ砦にいたメキシコ軍副官デ・ラ・ペーニャの手記が遺されていることが初めて世に公表された。そこには、先の米国人による伝承を裏付ける内容が書かれていた。アラモ砦事件当時、一八〇七年生まれのデ・ラ・ペーニャは二九歳であった。その彼が書き留めていたとされる手記を、誰が、どのように、これまで保管していたのか、どうして、これが二〇世紀半ばになって公表されるに至ったかについては、同手記を一九五五年にメキシコ市で出版したサンチェス・ガルザ（Jesús Sanchez Garza）は全く明かしていない。このことは、同デ・ラ・ペーニャ史料の信憑性にかかわる問題となっている。その後、同手記の写本をピース（John Peace）が購入し、テキサス大学サンアントニオ校の特別コレクションに寄贈した。一九七五年、ペリー（Carmen Perry）によりこれが英語に翻訳され、テキサスA&M大学出版局から出版された[25]。そこには以下のような記述があった。

決して愉快とはいえないこの出来事、つまり、卑劣な殺戮が冷淡さだけを生む結果となってしまった同事件の話題に、サンタアナが話を移そうとした時、すでにその闘争心の高まりもどこかに行ってしまった後だった。大虐殺の後、生存者が何人かいた。カストリジョンは彼らを助けようと、サンタアナの前に連れて行った。そのなかに、背が高く、体格の良い、容姿の整った男がいた[26]。（中略）彼こそ、自然主義者のデイビッド・クロケットであった。米国では有名な冒険家で、国中を旅し、ベハル（サンアントニオ）にやって来た。その彼が驚いたことに、このアラモに自ら志願して立て籠っていたのである。よそ者としての彼の資質が重視されていたのである。カストリジョンが間に入って何か言ったが、サンタアナはひどく立腹している様子を体全体で表現しながら、捕虜をすぐに撃つように、そばにいた兵隊に命じた。他方、上官や将校たちは嫌気がさしていたが、もしその憤りが最初の段階で高まっていたら、おそらく彼らの命は救われたはずだろうが、実際、その反対の声は起こらなかった。この危機的瞬間に、もし大統領閣下（サンタアナは大統領と軍最高司令官の兼務である）が居合わせていなければ、きっと側近の何人かの将軍たちが、その不名誉な行為により悪名高い存在になっていたであろう。兵士たちの残忍性は高まり、自分たちの上官を称賛する意味で、彼らは身を前に乗り出した。そこで無防備なこの者たちに対し、握っていた剣を振りかざしたのであった。まるでこれでは、トラが餌食を食うのと同じである。彼は処刑される前に拷問を受けた。これらの不幸な者たちは悲痛な声を上げていた。しかし、自ら処刑台に上がることを恥じてはいなかった。拷問を行なっていたのは、おそらくラミレス・イ・セスマだった。ただし、確証はない。なぜなら、私はその現場にいたが、この残虐な場面をみないように隅の方にいたからである。どうか忘れないでほしい、同胞の者たちよ、残酷な瞬間とは、すべての人間に極度の恐怖心と、動揺を与えている、ということを。それがたとえ、ほんの少し前には復讐の念を渇望していたにせよ、である。卑劣にも、剣を血で染め不名誉にさせた者たちに対する溢れんばかりの憤りの気持ちを、今も断固としてもち続けられるであろうか。私はあの時の出来事に躊躇いを感じ、常にその時の犠牲者の、哀れで痛々しい声が、今も私の耳元には聞こえてくるようである。[27]

デ・ラ・ペーニャの史料の評価について触れておこう。一九九八年、同手記はオークションにかけられ、それを購入した者がテキサス大学オースティン校のアメリカ史センターへ寄贈したものである。これを機に、二〇〇〇年五月、同センターでシンポウジウムが開催された。そこで話題になったのは、果たしてデイビッド・クロケットが処刑されたか否かであった。この新史料の発見により、永遠の疑問が解決されることを期待していたが、議論は、デ・ラ・ペーニャの手記の信憑性の話題に集中した。リンドリー（Thomas Ricks Lindley）は、デ・ラ・ペーニャの手記そのものの信憑性ではなく、むしろその写本の信憑性に問題があるのではないかと指摘した。他方、デイビス（William C. Davis）は同写本の信憑性を問う以前に、クロケットの処刑そのものに信憑性がないと反論した。このように、学説では、デ・ラ・ペーニャの史料に対する信憑性は低く、かつこれに代わる史料も存在しないため、現時点で、クロケットの処刑の事実は認められないというのが、多数派による学説の立場である。しかし、概ね、映画や小説の世界では、史実の確証に対する追究にさほど影響されずに、デ・ラ・ペーニャの言説が支持されている場合が多い。

## おわりに

以上みてきたように、史実と言説の相克という問題が根本的に存在している。そのうえで、言説が個人の語りではなく、まさに伝承過程において、他者の語りにすり替わっていることが、二重の歪曲の可能性を高める要因になっている。本章ではその幾つかの事例をみてきたが、最後に、メキシコ軍の死傷者数に関する同様の問題についてふれておきたい。

　アラモ砦事件におけるメキシコ軍の死傷者数は、三七〇人から一六〇〇人と実に数値に幅がある。この数値上の幅は何を意味しているか。まず史実を追究するための軍のデータが希少で、どうしても憶測の数値に依存しなければならなかったことがその背景にある。メキシコ軍側の史料でも数値が分かれており、これがかえって史実への到達を困難にさせている。三七〇という数値はおそらくアルモンテ大佐の報告している数値である[28]。これは完全に少なすぎるが、この数値を報告した背景について推察することは、別の意味で重要であると考えられる。他方、ディキンソン夫人は一五〇〇人という数値を挙げている[29]。ディキンソン夫人は確かに現場にいた生き証人ではあったが、戦ってもいない本人が、しかも敵軍の人数をどうして把握できたかという、根本的な疑念が残る。そうなると、一五〇〇前後という数値は、メキシコ軍からの情報と考えた方がよさそうである[30]。それでも従来、アラモ砦事件が人々の関心の的であり続けてきた背景に、生き証人の語りとしての言説、および他者によって伝承された言説が、「史実」に反映され、また他方で、神話や伝説などの「物語」と化する場合が少なくなかったからに他ならない。これらの相克を乗り越え、歴史学者はどうすれば真実の探究に努めることが可能なのか、アラモ砦事件をめぐる論争を通じ、改めて考える良い機会となっているのではなかろうか。

# 第六章　もう一つのアラモ
## ――ゴリアッド虐殺事件

### はじめに

アラモ砦のトラヴィスが援軍として最も望んでいたゴリアッドのファニン軍は遂に来なかった。ところで、このファニン軍の物語もアラモのトラヴィスと並び、「第二のアラモ」として語り継がれてきた悲話である。そして、ゴリアッドには「反抗」という名の要塞（Fort Defiance）があった。換言すれば、アラモ砦は要塞としては最初から不完全なものであったが、ゴリアッドはそうではなく、真の要塞であったということを意味している。ただし、アラモ砦事件よりも事態は深刻であった。第一に、死者の数をみると、史料によっては四〇〇人を超えており、アラモ砦事件の約二倍の犠牲者が出たことである。第二に、アラモ砦はトラヴィスをはじめ、最後まで勇敢に戦い、彼らは歴史上の「英霊」になることができたが、ゴリアッドの場合、一度無条件降服を受け入れ投降したこと、そして、そこから処刑台までのレールが自然と引かれていたのが特徴である。従って、ゴリアッドでの犠牲者は、アラモほど後世の人間に英霊として祭り上げられることもなかったのである。その彼らの「無念」はアラモ以上のものであったと推察できる。

本章では、いかにゴリアッドの戦いが行なわれ、彼らはどのように無念の死を遂げたか、また、その事件をめぐる伝説に関して考察してみよう。

## 一　ファニン

ゴリアッドの虐殺を語るうえで、ファニンという指導者がどのような人物であったかについて述べておかなければならない。ファニンはアイシャム・ファニン（Dr. Isham Fannin）の子供として生まれるが、未婚の母親方のウォーカー家で育てられた。彼の養祖父のジェームズ・ウォーカー（James W. Walker）の名前をそのまま受け継いだ。ファニンは三年間士官学校に入るが、一八二一年に退学する。故郷のジョージアにもどり家庭をもつが、事業は不調に終わった。これを機に一八三四年、彼はテキサスへ移住する。最初、テキサスのベラスコ入植地に入り、奴隷貿易にも手を出すが、さほど成功しなかった。次第にメキシコ反政府派の仲間入りをし、ゴンサレスの戦いにも参加した。また一八三五年一〇月二八日、コンセプシオンでの戦いでボウイと並んで活躍した。その功績もあり、一八三六年一月七日、彼はマタモロス遠征に参加する義勇兵の募集を任された。すでに述べた通り、当時のテキサスは行政府と議会で対立が続いていた。議会は行政長官のスミスや軍の最高指揮官であったヒューストンと対立し、義勇兵はヒューストンを支持していなかった。そこで二月七日、ゴリアッドの義勇兵の指揮官に選ばれたのがファニンであった。ところが、ヒューストンはファニンを正規軍の指令隊長（Commander in chief）に指名し、彼は両方の責務を果たさなければならなくなったのである。つまり、ファニン自身が、政府および軍部派と、議会派の確執劇の狭間に立たされた形となったのである。

この頃、サンアントニオのアラモ砦で籠城していたトラヴィス中佐から援軍の要請を受けた。もともとマタモロス遠征隊の多くは義勇兵であり、ニューオーリンズ・グレイズの出身が多かった。しかも一八三五年一二月、コスが占拠するアラモ砦を攻撃し、見事にコスを降服へ導いたのもこれらのメンバーのおかげであった。その彼らがマタモロスの遠征隊としてテキサス南部まで来ていたのである。従って、自分たちの仲間でマタモロス遠征を選択しなかった仲間が、アラモ砦に残ったままだったのである。そこで、アラモ砦へ援軍を送ることは仲間の救出という意味もあり、まさに不法戦士たちの要望から起こったものであった。これを受けて、ファニンは一刻も早

**ジェームズ・ファニン**

出所：Wallace O. Chariton, *Forget the Alamo*, Wordware Publishing, 1990, p. 216.

く援軍を派遣することを考えていた。

ところが、議会はファニンのアラモへの援軍派遣を制止しようとした。むしろ議会は、ファニンにゴリアッドの守備を維持することを命じたのである。そこで、彼の心は揺れ動いた。結果的に、彼には良心があったこと、かつ身近の部下たちがアラモへの援軍を希望していたので、遂に二月二六日、三二〇人とともに出発した。しかし、それほど進まないうちに荷車が脱輪し、かつ大砲四門を積んだ牛車の進度が遅く、やがて兵士の士気も低下していった。そしてわずかの距離を進んだだけで引き返す結果となったという。しかし、このトラブルが真の原因で援軍を断念したのではなかった。理由は他にあったのである。

二月二八日、テキサス南部のサンパトリシオに駐留していたマタモロス遠征隊のジョンソン軍がマタモロスから北上してきたウレア軍に遭遇、そして敗北、虐殺されたことがその発端にあった。ウレア軍がゴリアッドへ向かっているという情報を得て、ゴリアッドの防衛を優先したからである。その結果、アラモ砦に援軍を送ることはできなかったのである。

ここで、改めてマタモロス遠征隊について少し述べておこう。すでに述べたように、マタモロス遠征は実現されることなく、計画は中断されたままであった。ジョンソンとグラントによるマタモロス遠征隊はテキサス政府と軍により非難され、その後、多くは脱走するか、ヒューストン軍に入隊した。その結果、二月初旬の段階で同遠征隊は一〇〇人を切っていた。ウレア軍は一月三一日から二月一六日までマタモロスに留まったが、一七日、リオグランデを渡河した。ウレア軍は次のような編制であった。歩兵三二〇人の大部分はユカタン出身で、クアトラ（Cuatla）、タンピコ、ドゥランゴ、グアナファト出身の砲兵隊二三〇人であった。これ以外のマタモロス義勇兵二〇〇人は、マタモロスで合流する予定で、実際に三月七日に合流するまでマタモロスで待機させていた。

ところで、リオグランデからヌエセス川までのテキサス南部の土地は多くは乾燥地帯であった。何分飲み水をみつけるだけでも一苦労する不毛の荒野が続いていた。また、冬期に入っており、冬の寒さと冷たい雨や氷雨により凍死する者まで出るほどであった。やっとの思いでヌエセス川岸のサンパトリシオに到着したが、そこに駐留していたジョンソン軍と一騎打ちになった。深夜の三時半、冷たい雨が降りしきるなか、戦いは始まった。その結果、ジョンソンとその他四人が逃げ、五、六人を除いてすべて殺された（アレシオ・ロブレスによれば、一六人死者、二四人捕虜）。この時にグラントは五〇人とともに別の場所にいたが、三月二日、サンパトリシオにもどってきたところを、グラントを含む四一人が戦闘中に死亡、六人が捕虜になった。[2]

## 二　ウレアとゴリアッド虐殺

その後、ウレアはファニン軍を追って、サンパトリシオから二日かけてレフヒオ（Refugio）へ向かった。そこにはジョージア出身のワード少佐（William Ward）を筆頭におよそ一〇〇人が教会を占拠しており、ウレア軍の歩兵二〇〇人、騎兵二〇〇人の部隊と比べても極めて少なかった。ウレア軍はそこを攻撃したのである。戦いは昼間に起こったが、夜に一時、中断した。そこにゴリアッドにいるファニン軍から通達があり、豪雨の降りしきる夜中に急遽敵軍に気づかれないように退散したのである。

翌日、ウレアが敵軍の去ったあとの教会をみると、負傷者、プランター、アングロ系の家族、ワード軍に加担するよう強要されていたメキシコ人などがそこに取り残されていた。そこで、ウレアはファニン軍を追跡し、ゴリアッドに向けて出発した[3]。しかし、ゴリアッドに着くまでの道中で敵軍兵の何人かを捕虜にしたが、捕虜たちは休む間もなく歩かされ、疲労困憊は極限に達していた。しかも食糧不足の問題を抱えていたため、ウレアはサンタアナの命令で不法戦士三〇人ほどを射殺し、残りのプランターやメキシコ人を解放した[4]。ライブズによれば、当時のテキサスの至る所で、殺戮が横行していたという。要するに、あらゆる殺戮、暴力行為が社会に蔓延した状態だったのである。しかし、それは戦場という空間における、あくまでも軍律に基づくものであったのである[5]。

三月中旬までゴリアッドのファニンに大きな変化はみられなかった。しかし、三月一三日から一四日にかけて、ヒューストンからゴリアッドを放棄し、早急にビクトリアに参上するように命じられた[6]。そこで、ファニンは少し不可解な行動に出る。実際、ファニンはヒューストンの命令を無視して、しばらくゴリアッドに留まったのである。その理由は、ファニンがマタモロス遠征隊の残党であるキング（Amon B. King）やワードがレフヒオから帰還してくるのではないかと期待していたからである。だが、ファニンは一七日にキングが殺されたことを知ったものの、それでもゴリアッドを離れようとはしなかった。結果的に、こうした即時の行動が取れなかったことが、ファニン軍にとって後で取り返しのつかない始末となる。つまり、コリアッド虐殺事件はファニンの戦略ミスで起こったという見方ができるのである。

ウレア軍は一八日、アラモを襲撃したモラレス大佐率いる、サンルイス大隊とヒメネス大隊五〇〇人、および三砲兵隊が、ゴリアッドで合流した。これによりウレア軍は四〇〇人のファニン軍を上回る一四〇〇人編制になった。さらに、地元のメキシコ支持のテキサス住民の民兵二〇〇人がこれに加わった。

他方、一九日早朝のまだ薄明の中をファニン軍は移動を開始した。ファニンの先遣隊である騎兵隊のあとを歩兵隊が追っていたが、ウレア軍の騎兵隊がすぐ後ろまで接近していた。コレト・クリーク（Coleto Creek）にさしかかった時、ウレア軍はファニン軍を包囲した。ウレア軍は最初ファニン軍に使役された運搬用の駄獣を射殺し、軍を移動できなくさせた。この時にファニン自身も腿に負傷した。その夜は強雨が降り続いた。ファニン軍は自分たちの周囲に正方形状の壕を掘り、死んだ兵士や動物を防壁にした。夜のうちにウレア軍の歩兵一〇〇人が加わったため、ファニンは遂に観念し白旗を掲げ、投降に応じるための条件を提案した。ファニン軍には負傷兵だけでなく、その家族である女性や子供も同行していたのである。[7] ファニンは兵士を正当な捕虜として扱うことを要求したが、現実には先に述べたように、中央政府もサンタアナも彼らを銃殺刑に処することを考えていた。しかし、この時、ウレアはできるだけ多くの兵士の人命を保護するために政府に交渉することを約束したため、ファニンはこれにわずかな希望を託しつつ、政府の回答を待つまでは刑を猶予するというウレアの約束を真に受け、ファニン軍は投降を決したのである。しかし、これが結果的に裏目に出た。最終的にウレアの要請は却下され、サンタアナは政府の回答を待たずに、刑の執行を命じたのであった。

さらに三月二二日、ウレア軍（二〇〇人の歩兵、馬五〇頭、大砲一門）はカサ・デ・リン（Casa de

**デ・ラ・ポルティージャ大佐**

出所：Ángela Moyano Pahissa, *La pérdida de Texas*, Planeta, 1991, p. 117.

Linn）港に向かい、そこで捕虜を捕まえた。さらに、その残党が近くの森に隠れていたので全員で一〇〇人ほどを捕まえた。このなかにワード大佐を含む上官一〇人が含まれていた。さらに二三日、ビクトリアへもどってきたが、エル・コパノ（El Copano）で武器を所持している八二人の新米兵も捕捉された。[8] かくして、総勢五〇〇人程度の捕虜がゴリアッドに向けて連行されたのである。[9] 彼らの大半が米国からの義勇兵で、いわゆる不法戦士であった。[10] 三月二六日、サンタアナからの指令では、政府の通達通り、武装化していた外国人は銃殺刑に処するという規則が明示されていた。[11] ウレア自身は後にこの時の状況を日誌に記している。ここで書かれた内容を全面的に信用するならば、ウレア将軍も部下のデ・ラ・ポルティージャ大佐（Nicolás de la Portilla）もサンタアナの命令にそのまま従うことを躊躇し、可能な限り人道的配慮を施そうと、当該法規や軍律に抵触しない人間を探し出そうとしたという。その結果、外科医など五〇〇人中一一二人が刑に処されなかった。[12]

ウレアはサンタアナの命令に不服であった。捕虜の数が増えるに従って、次のように思うようになった。

できるだけ多くの捕虜を救い出すことを願っていた。私は虐殺というおぞましい事態を決して平然と行なうことはできないからである。よほどのことがない限り、戦時国際法によって禁じられている行為であるし、文明国であるわが国が非難されることになる。あまりに多くの勇敢な兵士が犠牲にならなければならないことも私には精神的に負担である。とくに高評価に値する、向こうみずな勇気の持ち主であるファニンは然りである。彼らはメキシコ人の寛大な配慮により自らの降服が無駄にならないと信じてきっと投降したはずだ。そうでなければ、是が非でも最後まで戦い抜いて自らの命を捨てたであろう。[13]

ウレアによると、彼がサンタアナの命令に服従しない可能性が想定されたため、ウレアがビクトリアにいて不在中に、部下のデ・ラ・ポルティージャ大佐に、サンタアナは処刑を命じた。三月二七日のことであった。それは皮肉にも復活祭直前の日曜日で、キリストが受難前にエルサレムに入った、まさに棕櫚《しゅろ》の聖日であった。ウレア同様、処刑に反対していたデ・ラ・ポルティージャは皮肉にも、この日にかかわるすべての重荷を背負う破目に陥ったのである。彼は日誌を残しているが、その日の記述が、ウレアの日誌にそのまま引用されている。

三月二六日――夜の七時になって、サンタアナ将軍の特使からの命令を受け取った。それには私に（一部略）直ちにすべての捕虜の処刑を執行するようにという指示が書かれてあった。私はガライ大佐（Francisco Garay）以外の他の誰にもこの件を明かさなかった。同夜八時、今度はウレア将軍から回状を受け取った。そこには、まったくこれとは逆の内容が書かれてあった。「捕虜を大切に扱うように、とくにファニンを。町と砦の再建で彼らの労力が常に必要であるように。彼らに食事をちゃんと与えるように。家畜ならレフヒオから受け取ることができるので」と。二つの相反する命令が見事な対照《コントラスト》に映った。その晩は寝付けなかった。

さらに翌日、日記は続けて、こう記されている。

夜が明け、私は軍最高司令官（サンタアナ）の命令を実行する覚悟ができていた。これに服従することが得策と考えたからである。まだ寝ている者もいたが、起床するように命じ、捕虜を集合させた。全員で四四五人であった[14]。（八〇人はコパノで捕えた捕虜であり、彼らは政府に叛旗を翻したが、武器を所持していなかったので対象から外された）。（中略）私はこれらの指揮官たちに中央政府と軍最高司令官の命令を実行することを告げた。早急に刑が執り行なわれた。指揮官と兵士の感情には大きな落差があった。現場では沈黙が重々しく広がっていた。

捕虜は三部隊に分散され、それぞれ違った方向へ進み始めた。捕虜のなかには遂に自分たちが解放されるのではないかと楽観的な見方をしている者もいたが、そうこうするうちに、やがてメキシコ軍の前で一列に並ばされた。とっさの判断で解放ではなく、処刑されると悟った者のなかには運よく逃げることができた者もいたが、多くは銃弾で散った。ライブズによると、三五七人、ハーディンによると三四二人の刑が処され、入院中の負傷者も同様に、病室の庭先で殺された。二八人は逃げて九死に一生を得た。そして最後に、ファニンの刑が執行された。彼は足を負傷していたので椅子に座ることを許された。処刑前に最後、彼が要望したことは、自分の所持している時計を家族に手渡してほしいこと、弾は胸を目がけて撃って欲しいこと、亡骸は墓地に埋葬することであった。そして、執行人はその時計を自分のポケットにしまい、額めがけて一撃したといわれている[15]。無論、アラモ砦同様、すべて死体は火に焼べられた[16]。政府の承認のもとでの行為であるが、事実上、その政府をコントロールしていたのはサンタアナであり、彼の非人道的な無慈悲さがゴリアッド虐殺を通じてより強調されている。しかし、逆にテキサス側では「報復」という発想が高まってくるのである。目には目を、歯には歯を、というのは古代オリエントのハンムラビ法典の世界にみるだけの話ではない。これは人間として当然の感情から来るものであろう。現に、テキサスでは次第にアングロ系によるメキシコ系に対する暴力の横行、抑圧が高まっていった。そうなると、「報復」は次なる「報復」を生むのであり、当時の戦時国際法では戦争という手段が完全に否定されていないため、事態はより混迷を極めたのである。捕虜の扱いに関する問題、換言すれば、人権の尊重はすでに法律に還元されつつあったが、現実にはすべては国内法や軍法、軍律に基づき、とりわけ戦場では軍部の判断が優先されることが少なくなかった。ゴリアッド虐殺事件はアラモ以上に兵士の血が流れた。ただし、これだけは記しておかなければならない。アイルランド出身のテキサス・サンパトリシオへの入植者であったボイル（Andrew A. Boyle）は、ガライ大佐の配慮で処刑リストから外された。捕虜のなかの二人の医師も命を救われた[17]。無論、解放されたという意味ではない。処刑されなかっただけで、強制労働の対象で捕虜であり続けたことには変わりない。また、医師はメキシコ軍の医務に当たらせるために必要であったため殺されなかった。これ以外にも処刑を免れた者はいたようだが、説話の域に入る。いずれにせよ、背後には最大限に尽力したメキシコ軍人や一般民衆がいたことを忘れてはならない[18]。

## 三　サンタアナの反論

ゴリアッド事件はアラモ砦事件と同様か、それ以上に論議を巻き起こしている。先の章でも取り上げたが、ゴリアッド事件の武装者の死者がアラモ砦事件の約二倍であるとともに、無条件降服を受け容れた戦士たちが最後、哀れにも銃殺刑に処されたことに対する人道的側面からの批判がしばしばみられた。繰り返しになるが、アラモ砦の籠城者は投降するのを拒否した。しかし、ゴリアッドの戦士たちは屈辱的にも降服を受け容れたのである。

史料が乏しいこともあり、従来、ファニンたちの銃殺刑は屈辱的で非人道的なものであったという、メキシコ人将軍ウレア、およびデ・ラ・ポルティィージャなどの日誌が、一九二八年、当時テキサス大学オースティン校の、米国人ヒスパニック系のカスタニェーダ教授（Carlos E. Castañeda）によって英語に訳され、それにより、ゴリアッド事件の真相へ接近している研究がほとんどである。しかし、これを裏付ける別の史料はほぼ皆無である。本書でも引用しているサンタアナ自身による回想録は、ウレアの記述内容を反証する唯一のものと思われるが、先に述べた理由と同様、サンタアナに対する先入観、固定観念が介在するために、反証どころか、その史料の存在が無視されているに等しい。また、確証するうえでの第三の史料がほぼ発掘されておらず、残念ながら、正確な確証には至っていない。しかし、ここでサンタアナの反論をあえて紹介しておくことは、本書の意図からして重要であろう。

サンタアナとウレアの確執はいったい、いつ頃から始まったのであろうか。後で取り上げるサンハシントの戦いでサンタアナは捕虜になるが、このときにウレア軍のサンタアナ軍への合流が遅れ参戦できなかったこと、およびサンタアナを見捨ててリオグランデを南下したことに対するサンタアナのウレアに対する不信感や憎しみが起因していたのであろう。現に、一八三〇年代後半、両者の葛藤は解消されず、ウレアはメキシコ北部に立脚する反政府派の軍人として蜂起の首謀者と化したのである。

サンタアナはウレアの虚言を批判する。米国側からすれば、メキシコ軍は無慈悲にも無条件降服した捕虜に恐怖心を与え、まさに乱射に等しい銃撃によって、虐殺としかいいようがない処罰を行なった。しかし、ウレアはこれを否定し、彼自身やその部下はできる限りこれを回避するように努めたことを主張する。この証言は同時に、サンタアナの暴虐性を暴露する結果になった。つまり、ウレアの主張によると、サンタアナこそ捕虜を虐待し、凄惨な銃殺を命じた張本人に他ならない。これにより、アラモ砦事件と並んでゴリアッド事件においても、サンタアナの暴虐性が専ら非難されており、むしろこの歴史的認識が覆せないでいるのが現状だが、サンタアナは、ファニンたちが無条件降服を受け容れ投降したという情報を、ウレアから一切聞かされていないと反論する。確かに、国内法や軍法、軍律に忠実であることは重要なことであるが、投降した者を銃殺刑に処することは極めて非人道的で、その事実を知っていれば、きっと自らが政府と交渉し、刑の執行を何としても阻止したと繰り返し述べている。[19]このように、サンタアナは、ウレアの虚言を批判したのである。

そこで、これに関連して留意すべきことが一つある。実はウレア自身の日誌を通じて、彼がサンタアナに無条件降服を含めて詳細な情報を伝えていない可能性が暗示されるのである。三月二六日付のサンタアナの回状に書かれてあった、「私は捕虜のことについては何もいわない。武装化していたならば、彼らの運命はどうなるか、すでに貴殿に伝えている通りだからな」という文面や、日頃のサンタアナの威圧的な口調での命令に対し、面食らっていながらも反論せずに従っていたという内容記述だけをもって判断すると、おそらくウレアはサンタアナに確認することなく、これは捕虜を銃殺せよという命令だと解釈し実行に移した可能性は完全には否定できない。[20]かくして、サンタアナと部下の間で確執が少なからずあった可能性が出てくるわけである。従って、強面《こわもて》の上司の機嫌や顔色を窺うあまり、肝心なことは発言できない状況がテキサスの戦場で、自ずと生まれていたことを全く否定できないのである。

## おわりに

「もう一つのアラモ」といわれるほどに、ゴリアッドで起こった惨劇は確かに悲話である。ところが、アラモ砦事件と異なることは、すでに述べたように、ファニンたちは無条件降服を受け容れ、戦闘を中断したため、テキサス独立戦争史における英霊には、アラモで命果てたトラヴィス、ボウイ、クロケットと肩を並べ、ファニンが歴史の言説に登場することはほぼ皆無に等しい。反面、アラモにはなかった人間愛の精神がみられた。アラモ砦でいえば、カストリジョン将軍のような慈悲深い心の持ち主が、ゴリアッドでは、ウレア将軍やデ・ラ・ポルティィージャ大佐、デ・ラ・ガルサ隊長などに当たるが、ただ違うのは、ゴリアッドにはサンタアナが現場にいなかったことであった。アラモ砦ではサンタアナを目の前にして、カストリジョンが多少の反対意見を述べることができたくらいであった。他方、ウレアやデ・ラ・ポルティィージャの場合、サンタアナの直接の指揮下にないことを絶好の条件とし、極刑の対象者を少しでも減らそうとしたが、それ以外の指揮官は、サンタアナの鋭い眼光に射すくめられるのが関の山であった。だからこそ、ここでは、軍人の振る舞いを二つに分かつことができよう。戦場での殺戮に麻痺し精神が慣れていくものがいれば、逆に人間愛からくる人道的配慮を施すことで自らの心の癒しを求める軍人に分けられるのではないか。興味深いことに、ゴリアッド事件の歴史的言説、およびその伝説は、人間が人間である所以とは何か、つまりヒューマニズムの本質について、われわれに物語ってくれているのではないだろうか。

# 第七章　サンハシントの戦いとテキサス独立

## はじめに

ヒューストンから四〇キロほど東へ行くと、そこには一九六〇年、国によって歴史的名所に認定されたサンハシント（英語ではサンジャシント）の戦場跡が残っている。一八八〇年代頃から民間の有志団体「テキサス共和国の娘たち」（Daughters of the Republic of Texas）のテキサス議会への要請により、その一部の敷地に記念碑を建てる動きが始まった。しかし、これが実現したのは一九三〇年代後半のことであった。その時につくられた高さ一七二・九二メートル（五六七・三一フィート）のサンハシント記念碑が現在高々とそびえ立っている。最上階は展望台になっており、このあたり一帯を一望できる。一階は歴史博物館になっている。まさにそこは、一八三六年四月二一日にテキサスの独立をメキシコから強引に勝ち取った際の戦場であったところである。六三〇人のメキシコ兵がテキサス軍による「報復」のもと、半ば虐殺された舞台でもある。[1] これは、まさに米国人にとってアラモと並び、もう一つの「自由」と「独立」を表象するものとなっている。同時に、この国のこれまでの歴史のなかで重視されてきた強国の理論を現代米国人に「再認識」させるべく、その「再生産」の場と化しているともいえよう。

一八三六年四月二一日、午後三時半、ヒューストン率いるテキサス軍がサンハシントの湖畔で野営していたサンタアナ軍を急襲し、わずか一八分足らずで勝利をおさめたとされる歴史的戦いが行なわれた。ではどうして、そんな短時間でメキシコ軍は大敗してしまったのであろうか。よくいわれている二つの理由がある。一つは「アラモを忘れるな」に代表されるように、アラモやゴリアッドの報復の機運が高まり、テキサス軍の士気が最高潮に達していたこと、もう一つは、サンタアナをはじめ多くのメキシコ兵は、シエスタ（昼休息）の最中に寝ているところを襲撃され、即時の対応ができなかったという見解である。いずれにしても、テキサス側にとって好都合な後世の見解である。以下、これらの再検討を試みたいと思う。

## 一　サンハシントの戦い

当初、ヒューストンはサンタアナから逃げていたとみなされている。そのようなヒューストンがどうして、サンハシントで戦いに挑んだのか。どうして、メキシコ軍は一八分ほどで敗れたのか。テキサス軍の勝利はどのようにして導かれたのか。そして、メキシコ軍は本当にシエスタの最中を襲撃されたから敗北したのか。この戦いをめぐっては、飛躍した議論が交わされている観が強い。本節では、米国とメキシコの双方の資料を紐解きつつ、具体的に解明していきたい。

ヒューストンはゴンサレスの町を焼き討ちにし、東部へ向かっていた。このときに一般の市民たちもこれに同行し、ランナウェイ・スクレイプ（自業自得の逃亡の難事）という現象を引き起こした。いわゆる「難民」の群れがヒューストン軍に同行したのである。東へ向かった理由は、そこはアングロ系が多いことに加え、伏兵奇襲に有利な森林が多いという戦略的根拠もあった。ヒューストンはこの段階で、サンタアナ軍を恐れていたと考えられる。三月一七日までに、コロラド川に着き、そこにテントを張った。三月一九日までにコロラド川沿いの現在のコロンブス付近まで来ている。その過程で民間人を徴募《リクルート》して増員に努め、六〇〇人までにテキサス軍が増えた。三月二〇日、メキシコ軍のラミレス・イ・セスマ軍（八〇〇人）がコロラド川の西岸まで到達している。ヒューストン軍がブラソス川沿いのサンフェリッペ・デ・オースティンに到達した時には一四〇〇人までに増加していたとみられるが、一向に戦う姿勢をヒューストンは示さなかった。そのため、軍は分裂状態であったという。離脱す

**サム・ヒューストン**

出所：Wallace O. Chariton, *Forget the Alamo*, Wordware Publishing, 1990, p. 211.

る者も少なくなかった。そのなかに、主戦派の隊長である、マーティン（Wylie Martin）とベーカー（Moseley Baker）が含まれていた。[2]

テキサス軍には当初、砲撃隊がなかったが、自分たちより兵力の少ないラミレス・イ・セスマ軍を討ち漏らしたことはヒューストンの失態であった。そして脱走する者も次第に目立ち始めた。テキサス軍にはベテランの熟練兵が不足しており、この点、新しく入隊した熟練度の低い兵士への軍隊教育に欠けるところがあったと考えられる。[3]

その後、ヒューストン軍はブラソス川をイエローストーンという蒸気船を使って、通常より長い時間をかけ二日間で越えた。その頃までに、米国から、トゥイン・シスターズという六ポンドの大砲二門がオハイオ、ミズーリを経由し、ニューオーリンズからハリスバーグに到着した。ヒューストン軍は、連日の大雨でぬかるんだ泥道を牛車の力を借りてゆっくり進まなければならず、食糧も底を尽きかけていた。こうして、やっとの思いで、四月一八日までにハリスバーグに到着した。二日間で六〇マイル（九六キロメートル）も移動したので兵士たちの疲労はピークに達していた。そこで一時休憩をとるが、その際、通称「聾者スミス」といわれるニューヨーク出身のエラスタス・スミス（Erastus "Deaf" Smith）がヘンリー・カーネス（Henry Karnes）とともにメキシコ軍の偵察を命じられる。聾者スミスの偵察は後に物語化されるほど有名になり、彼らの偵察のおかげで、サンタアナ率いるメキシコ軍は八〇〇人ほどの少数であることがわかる。そこで四月一九日、さっそくテキサス軍内部の作戦会議で、即時攻撃をする意見が具申された。このとき、ヒューストンは一時的に即時攻撃を支持する提言を行ない、同時に、かの有名な「アラモを忘れるな！」という言葉を発したといわれている。[4]

メキシコ軍の弱点は、その戦略ミスにあったと推察される。第一に、アラモの戦い以降、軍を分散させ、別々の進行を続けたことにある。第二に、ヒューストンを捕まえるという本来の目的以外に、テキサス政府のバーネット大統領、ロレンソ・デ・サバラ副大統領も逮捕しようとしたのである。そのため、もともと分散して進行していたメキシコ軍がさらに分散することとなったのである。サンフェリッペに火を放ち、逃亡したバーネットらはハリスバーグへ向かった。そこで、サンタアナは随行していたラミレス・イ・セスマ部隊に対し、先行するフィリソラ軍に追いつくように命じ、サンタアナ軍はさらに縮小されて九〇〇人程度になっていた。道中、悪天候によって阻まれ、サンタアナは渾身の力を振り絞って難路を越え、ハリスバーグに到着するが、そこはすでに住民が逃亡していた。サンタアナの怒りに触れ、彼の命でハリスバーグは焼き討ちにあった。次に、バーネットらがニューワシントンに移動したという情報を得たサンタアナは部下のアルモンテを同地へ向かわせる。そして、アルモンテは漕ぎ船に乗ったバーネットの家族を発見するが、なかには夫人の姿が含まれていたので攻撃を断念したといわれている。[5]

他方、ヒューストンは四月二〇日、ものすごく冷え切った朝を迎えていたが、食事も十分とっていない状況で病気や体の不調を訴えるものが二五〇人ほどいた。メキシコ軍が接近していたが、兵士の士気は高まるどころか、みたところ、ヒューストンに従う者さえ疎らという有様で、軍は分裂気味であった。[6]そこで彼らはニューワシントンへ向けて進もうとしたが、すでにテキサス政府が一時的に逃げていたニューワシントンは、サンタアナが進攻した後で、町は焼き討ちにあっていた。立ち上る炎に気づき、ヒューストンはそこへ向かうのを断念した。[7]

このような状況のなかで、どうやらこのサンハシントが戦場になることが予想された。北にはバッファロー・バイユーが流れ、それはサンハシント川に注ぐが、同河川が東に流れている。北から南にはおよそ一マイル（一・六キロメートル）、東から西には数マイルほどの広がりのある見晴らしのいい草原ができていた。北のバッファロー・バイユーに沿ってオークの木立があった。ここにテキサス軍が陣取った。他方、メキシコ軍はこの草原の南東に陣取った。この場所は実は結果的にメキシコ軍にとって命取りになる。背後には同様にオークの木立があり、少し高台になっていた。多くの歴史家はテキサス軍の進撃にメキシコ軍が気づくのが遅れた原因として、この地形の特徴をあげる。[8]さらに最悪なことに、オークの木立の背後は傾斜のある湿地帯がサンハシント川に到達するまで続いていた。多くのメキシコ兵は後方に逃げるにも行く手を遮られ、テキサス軍の銃弾に次々と散っていったのである。

四月二〇日に戦いはなかった。その理由は両軍にそれぞれ戸惑いがあったからである。ヒューストン軍は、ヒューストン自身が部下の反感を買っており、かつヒューストン自身も戦闘の決心が概ね固まっていたが、完全ではなかった。そのため、軍の士気を十分高めることができないでいた。一方、メキシコ軍のサンタアナは、フィリソラの到着を待っていた。四月二一日、午前九時にはコス将軍率いる四〇〇人の部隊が到着していた。しかし、ハリスバーグ近くまで来ていた一〇〇人のマリアノ・ガルシア大佐代行率いる部隊がまだ到着していなかった。[9]しかも彼らの多くは未熟練の義勇兵であった。加えて、一行は飲まず食わず一睡もしておらず、コスの要請で一時の休憩の許可をサンタアナに求めてきたので、彼はこれを許した。その理由には、敵軍が攻めてくる様子がみられないことと、自らの軍隊の再編制ができない状況にあったからである。サンタアナ自身も昨晩に一睡もしていなかったので、自分も部下に任せてしばしの休息をとった。木陰に横たわり、兵士たちの食事ができるのを待っていたのである。その際もカストリジョン将軍が指揮を執っていたので、彼に何かあれば即時知らせるようにと命じていた。[10]

ところが、それもつかの間、午後三時半（四時説もあり）頃、テキサス軍からの攻撃の音でサンタアナは目を覚ました。メキシコ軍はテキサス軍の急襲に反撃へ出る準備もできていなかった。正規軍のアルマダ大隊とマタモロス大隊に加え、ゲレロ大隊とトルーカおよびグアダラハラ分隊が前衛を務めたが、過酷な状況のもと、セスペデス大佐の負傷、ルエルモ大佐の戦死が相次ぎ、結局のところ敗退した。さらに、カストリジョン将軍も勇敢に戦ったが戦死した。[11]そのような過酷な戦況のなかで、ある副官が馬を差し出し、これで逃げるようにサンタアナに勧めた。そこで、サンタアナは一人馬にまたがり、フィリソラ軍がいる方向へ馬を走らせた。一・五リーグ（六・七キロメートル）ほど進むと森に入ったが、そこには川を渡る橋があったものの、すでに敵軍によって燃やされていた。そこで、彼は馬を捨て、とっさに追手に気付かれないように松の木立へと身を潜めた。その後、夜になって森のなかを川沿いに歩き続けた。すると、一つの空き小屋をみつけ、農夫の服を拝借し、濡れている自分の服を脱ぎ捨てた。その後、空き小屋を出て、さらに逃げていると、テキサス軍の追手に遭遇し、「サンタアナ将軍を見たか」と尋問された。サンタアナは向こうへ逃げたといって、一度は危機を乗り切ることができたが、二度目に捕まった。彼の回想録によると、この一度目に捕まっていれば、

**負傷したヒューストンの前に立つ、捕虜になったサンタアナ**

出所：William Jay Jacobs, *War with Mexico*, The Millbook Press, 1993, p. 17.

きっと殺されていたと思われると述べている。[12]また、この戦いに敗れたのはフィリソラをはじめとする武官の失態であったと述べている。[13]そして、その追手こそ、「聾者スミス」であったとされる。テキサス側の資料では、サンタアナは道に迷い、結果的にテキサス軍の陣営に自ら接近してしまったという。[14]

　四月二二日、連行されてきた農夫の恰好をした男が自分たちの軍最高司令官であることに気づくや否や、すでに捕虜となっていたアルモンテを含む部下たちから「大統領閣下」と声高々に歓声が上がった。絵画にもなっている場面だが、オーク木の木陰で負傷しているために座っているヒューストンの前に連行されたサンタアナが立ち、そのときにテキサス兵のなかには絞首刑を求める者も多かったにもかかわらず、ヒューストンはサンタアナに一つの提案をする。ヒューストンは、メキシコ軍のテキサスからの即時の撤退と、テキサス独立の承認を要求した。この引き換えを条件として、サンタアナを解放するというものであった。サンタアナはこれにすべて応じたが、実際には、彼はすぐに解放されることはなかった。彼を乗せた船はニューオーリンズからさらに北上し、ワシントンのホワイトハウスでジャクソン大統領と会談するに至ったのである。そして、米国戦艦でメキシコのベラクルスに入港するのは一八三七年一月のことであった。サンタアナの権威は帰国時に完全に失墜していたが、翌年のフランスのメキシコ侵攻の時に、彼は再び称賛されて、栄誉に包まれるのである。

さて、一八分で終わった戦いとしてサンハシントの戦いは伝説となっているが、その真偽はどうか。無論、テキサス軍の圧勝という点を否定する必要はないだろうが、実際の戦いは一時間以上続けられたという説がある。その根拠として、ヒューストンは戦勝を確実視していたので、部下の兵士に戦いを止めるように命じたが、テキサス兵士たちはその指示に従わなかったという。抵抗しないメキシコ兵に対して殺戮が続けられたといわれる。このことはテキサス側の歴史見解にもみられる。デルガード大佐は戦場後方の湿地帯をかろうじて抜け、川岸の斜面を降りた時に目の前にサンハシント川が流れていたので立ち往生した。すると、すぐにテキサス軍のライフル兵の追手がやって来て、その引き金を引こうとした、その寸前で、上官であるテキサス軍のジョン・アレン少佐（John M. Allen）に救われたのである。また、アルモンテ大佐は先に述べたバーネット大統領夫人を助けたという恩義によって命拾いしたといわれている。[15] テキサス側も認める虐殺行為として、サンハシントの戦いをみる見方は確かにあるが、それをかき消すほどに今日のサンハシントの戦勝の記念碑は輝かしく聳え立っている。テキサス人がメキシコ人を撃退した場所として、まさにテキサス独立獲得の栄光の地として美化され、民衆の間で連綿と語り続けられてきたのである。しかしながら、どうして、アラモ砦ほど脚光を浴びることはなかったのだろうか。その答えは、戦場であった南東の川岸に、メキシコ兵の虐殺があった場所として、外見上は目立たない小さな碑がひっそりと置かれていることからも想像がつく話であろう[16]。まさに、テキサス側の暴虐性が問われることが危惧されるからである。

## 二　ヒューストンとジャクソン

アラモ、ゴリアッドを経験したテキサス人たちによる、メキシコ人およびサンタアナに対する野蛮のレッテルはそのまま「報復」の正当性に結びつけられた。米国人やテキサス人はあるときは「自由」のための戦いだと主張し、また、ある時は「報復」の戦いを正当化させることにより、「文明」の「野蛮」に対する戦争を正当化してきた。しかし、テキサス軍の士気の高まりの背後には、実は総司令官であるヒューストンと兵士たちの確執があり、軍の統率に支障が起きていた。その根本的な原因は、ヒューストンが明らかにメキシコ軍との戦いを回避し、後退し続けていたことにあった。事実、この時のヒューストンの行動は不可解であった。アラモ砦（三月六日）の前後、ヒューストンは三月二日、テキサスのワシントン・オン・ザ・ブラソスで独立宣言を発表している。同日はまさにウレアがグラントを撃った日でもあった。さらに三月六日、アラモ砦が陥落したその日、ヒューストンはまだワシントン・オン・ザ・ブラソスにいた。そして、すでにアラモから援軍を求める要請を受けていたにもかかわらず、ヒューストンは何ら行動に出なかったのである。後世の分析では、ヒューストンはアラモが危機的状況に立たされていることに最後まで懐疑的であり続け、トラヴィスの要請は虚偽であるとまで考えていたという。そこで同日、ヒューストン軍はアラモへ向かわずゴンサレスに進み出したのであった。しかも、通常は二日半あれば到着するに足る距離を、五日かけてゆっくり移動したのである。

サンフェリッペ住民のエバリー夫人（Angelina Ebery）はヒューストンをその目でみて、次のようなエピソードを伝えている。

ヒューストンは見物人にいった。みんな、幸運になりたければ私に靴を投げないといけませんよ。どうしてか？　なぜなら、私がそれを今、履いているからだ。大きな声で彼はそういった。三月六日、まさにファニンとトラヴィスからの最後のメッセージが届いたにもかかわらず……。そこにはトラヴィスが婚約していた、カミングス嬢宛てのものも含まれていた。ヒューストン一行はその晩に移動を始めた。まさに同日の朝、トラヴィスは地獄に堕ちたのだった。[17]

ヒューストンは援軍を派遣せず、結果的に仲間を見殺しにしたと批判される所以はそこにある。ヒューストンはトラヴィスやファニンの報告は虚言であるとし無視し続けたのである。ところが、三月二三日、ファニンの投降をヒューストンは知る。彼はひどく落胆したが、それでも二六日、さらに、サンフェリッペまでの後退を命じた。それはサンタアナ軍が接近していたからであった。あたかもサンタアナを避けるかのように、別の場所へ移動し続けたのである。こうしたヒューストンの戦略に反対する部下も現れ、そのなかに脱走者もいた。このままではテキサス軍の内紛すら予想された。その状況はバーネット暫定大統領のヒューストンに対する忠告からもわかる。

敵軍は貴殿を馬鹿にして今頃笑っているだろう。あなたは戦闘の意思をもっと持たなければならない。祖国は貴殿のその決断に期待しているのだ。祖国が救われるか否かのすべては貴殿にかかっているのである。[18]

また、サンハシントの戦いに参加した、ベーカー隊長（Moseley Baker）は一八四二年一〇月、ヒューストンに次のような私書を出し、過去の過ちを指摘した。

サンタアナの到来が日毎に予期されていた一八三六年一月、インディアン平定の申し立てを政府から受け、国防のためとして貴殿はナコドーチス行きを強引に進めた。その結果、（アラモ砦へは）一部隊も編制されることはなかったのである。メキシコ軍が実際にテキサス内に入りアラモで不滅のトラヴィスを包囲している時も、あなたは不在であり、その後もそれは続いた。援軍を求める彼の手紙は総司令官が不在だったと彼自身が記したように、まさに代表者会議へ送られてきた。しかし、彼の要求は無駄に終わったのだ。あなたはいかなる軍組織も派遣せず、あるいは再編制するための手だてを何一つ打たなかった。留守中に（ヒューストンの）指図を聞く者もいない。人民が自らの不安から解放されないうちに、トラヴィスとその勇敢な仲間たちは、テキサスとその権利のために叫びつつ、アラモは陥落したのである。（中略）あなたはその時、そこに行くべきであった。テキサスの運命は名目上、帥にすべてがかかっていたのだから。しかし、貴殿は東部にいて危険から逃避しようとしていた。そうした状況で、あなたの反対派もテキサスの名誉のために、それを口にするのを謹んでいたのである。

サンタアナが現実に、テキサスへ侵入してきたという事実を知るや否や、貴殿は急いでワシントン・オン・ザ・ブラソスへ向かい、代表者会議を開催した。そこで、あなたはトラヴィスの援助を求める嘆願を公表したが、殊さら気に留めることもなく、そのまま数日、再指名を受けるために当地に留まった。あなたに会うことを拒まれた人間に言わせれば、あなたは通常の習慣を断ち切ってまで自己を制御していたくらいなので、相当な覚悟があったのであろう。あなたは最終的に、ゴンサレスに到着したが、すでにトラヴィスとテキサス人連中はテキサスのために最後の戦いの叫びを発していた。そしてその後、勇者たちは眠りについた。哀れなトラヴィスよ、勇敢で誠実な行為が、自由と正義の称賛として支持を集めている限り、彼と彼の部下は不滅であろう。[19]

歴史家リンドリーによれば、これらは明らかに、ヒューストンを貶めようとする政治的意図を含む文面であると批判する。しかし、同氏は続けて述べる。かりに、そうであったにせよ、ヒューストンがテキサス軍総司令官として適切な対応を拒んでいたことが批判されている点に相違ない。では、なぜヒューストンは、サンタアナ軍から逃げていたのか。少なくとも、そのように受け取られるような行動にどうして出たのであろうか。

その後、ヒューストンはひたすら東へ向かった。兵士の中にはルイジアナとの境界であるサビーン川まで後退するという不名誉な行動にヒューストンが出ようとしているのではないかと疑う者もいた。

彼らのなかには逃げることを躊躇する者が圧倒的に多かった。もし北に向かえば、叛乱を考えていた兵士も多かった。その意向を汲み取っていたのか、ヒューストンは北へ向かわず、東のハリスバーグへ向かった。しかし、それは彼の本心ではなかったようである。ヒューストンは次のように述べている。

ゴンサレスにいた二日間、私は嘆かわしい情報を受け取った。それは、トラヴィス中佐と部下の高貴な愛国者たちが大勢の敵を圧制しようとして負け、無残にも惨敗したことであった。そこで私は後退し、できるだけアンドリュー・ジャクソンとその国旗のある場所に接近しようと決意したのだ。[20]

なぜ、米国大統領ジャクソンがここに出てくるのか。実はヒューストンは、ジャクソン支持派のテネシー州民主党下院議員だけでなく、同州の知事をも務めた人物であった（一八二七～二九）。従って、ヒューストンとジャクソンは強い政治的人脈で結ばれていたのである。従来、米国のテキサス政策の実施における両者の関係が問いただされることがあった。まるでヒューストンがジャクソンをテキサスに送り込む工作人の責任者だったという噂まで流れたほどである。ジャクソンはヒューストンに、テキサスとメキシコの境界をリオグランデとし、全体としてリオグランデ下流から同河川の最も北西にある水源まで、さらにそこを起点として北東へ向かい、米国との境界に接するまでをテキサス共和国の領域として示唆していたのである。[21]ジャクソンのテキサス政策については、第一章で述べたので、ここでは要点だけに留めると、ジャクソンは南部テネシー州出身であり、早くから領土拡張主義を推進しようとしてきた。一つの証左がメキシコとの直接交渉の実施であった。前大統領アダムズの頃から交渉官であったポインセット、およびバットラーを派遣し、テキサスのみならず、西海岸まで達するメキシコ北部領域とリオグランデ境界を主張してきたが、いずれも上手くいかなったことは既述した通りである。もう一つが、メキシコ公使ゴロスティサ（Manuel de Gorostiza）が述べているように、米国の中立は口先だけで、米国がメキシコに武力干渉しようとする一端を示す事件が起きた。米国軍に所属するルイジアナ国境駐屯軍のゲインズ将軍（Edmund P. Gaines）が自らの意思で義勇兵を募り、その結果、遂に一八三六年七月にテキサス領内へ侵入して、ナコドーチスを占拠するという事件が勃発したのである。これはあくまでも、米国のジャクソン政権とは関係なく、ゲインズ個人の違法行為として処理されたが、これが完全に撤退する一八三六年一二月までに五ヶ月の月日を要している[22]。この時、メキシコ公使ゴロスティサは米国政府に抗議するが、当該行為は国家の公的行為ではなく、私人の行為にすぎず、国際法違反にならないとし、これを退けたという経緯がある。しかし、ゴロスティサが現役軍人のそのような行為を見逃そうとする米国政府の行動に反感をもち、かつジャクソンとヒューストンによる「陰謀」が少なからず噂されていたので、最終的にゴロスティサが米国との断交に出るまでに至るわけである。

ところで、ゲインズに進駐の全責任を負わせてよいのだろうか。四月二一日のサンハシントの戦い以降、とりわけ四月二八日付の陸軍長官（戦争担当大臣）宛ての書簡で、米国からの義勇兵の募集の中断を求めた。しかし、これ以前にすでにゲインズは越境について陸軍長官に要請していたのであった。四月一五日、陸軍長官キャス（Lewis Cass）からゲインズへの命令には、米国政府が要求しているナコドーチス、ひいてはネッチェズ川を越えてはならないことが通告されていた。しかし、インディアンの紛争から米国およびメキシコの領土を維持しなければならないという目的のみを追求するならば、米国軍の進駐は違法ではないことを示唆した。つまり、一八一九年のメキシコとの条約における修正条項として、メキシコ領内に一時的にしろ、米軍が越境する可能性が生じるケースを否定できないことを伝えていたのである。しかし、この際に戦争を助長し土地を占領する考えは微塵もないことを主張した[23]。ここで大切なことは、境界が、条約で定められていたサビーン川ではなく、それより西のネッチェズ川に変更されていたことである。メキシコ公使ゴロスティサにとって、米国側のネッチェズ川境界の主張は初耳であった。国務長官フォーサイスはゴロスティサに対し、米国領内のインディアン居住地で起こった紛争を武力で鎮圧するために、米軍がメキシコ領内へ派兵されることがあるかもしれないと述べた。続いて七月になると、サンタアナを捕虜とし、メキシコ軍をリオグランデ以南に撤退させていたことにより、本来は米国軍をテキサスへ送る必要はないものの、オースティンやヒューストンはこれを逆手に取り、むしろこの状況を徹底的に利用すべく、ナコドーチスの進駐をジャクソン政府に要請したのであった[24]。

ジャクソンは直接これには応じなかったが、テキサス獲得に対する関心は大いにあった。彼はサンタアナを捕虜にするだけでは決して満足しなかった。ジャクソンはフォーサイス国務長官とは少し違った言葉を用いたが、実際はテキサスが完全に分離独立するための安全保障に力を注ぎ、先住民による被害から米国市民を擁護することに重点を置いた。そして、メキシコ領内で敵対的な先住民勢力が保護されているとすれば、境界線を越えてゲインズが乗り出すことは正当化されるべきであると考えた。しかし民兵（militia）を送ることには反対であった。

ここで、話をヒューストン軍の後退に戻そう。では、どうして彼は北へ向かおうとしていたのか。ヒューストン自身は後に、それはジャクソンに援軍を求めるためだったと述べた。この発言は一八四五年のことである。つまり、テキサス共和国が米国連邦への編入を決定した後のことである。このことを受け、ヒューストンはつい口をすべらせてしまったのではないか。

西洋人の多くは、テキサスの同胞の白人がメキシコ人の暴君サンタアナの抑圧に苦しんでいる事態に心を痛め、深く同情していた。そして、ゲインズ将軍もその一人であった。とくにルイジアナの辺境駐屯軍は従来、国家の行動から逸脱する厄介な存在とみなされており、テキサス問題にもどうにか介入しようと先んじて義勇兵を募集した。しかし、米国旧陸軍省（原義で、戦争省 United States Department of War と表現され、戦時に広範な権限を有した）からの命令では、メキシコ軍が米国領内でテキサス軍と戦闘を展開するとか、米国領内の先住民がテキサス領内で紛争を起こすかのいずれかでないと、米国軍の介入はあり得ないとゲインズに伝えている[25]。また、次のような流言もルイジアナ辺境の米国軍兵士の間で広まっていた。それは、サンタアナはチェロキーなどのインディアンを自らの兵力として動員し、その影響をテキサスとの境界にまでおよぼそうとしているというものであった[26]。このような旧陸軍省の文書がメキシコ公使ゴロスティサの耳に入り、彼は慌てて米国を出国したのであった。

ミズーリ州出身の米上院議員で同州知事も歴任したフット（Henry Stuart Foote）は、本件の背景について、次のように説明している。一八三六年七月、ゲインズがナコドーチスに進駐したのは、オースティンやヒューストンの要請があったからである。また、ヒューストンは米国で五〇〇〇人の義勇兵を育成していた。従って、サンタアナ軍を米国との国境まで誘導することができれば、米軍がそれを理由に干渉し、メキシコとの戦争も辞さないと、ジャクソンは訓示していたはずである。確固たる証拠はないが、先に述べたヒューストンの北への後退を考えるうえで蓋然性のある説明にはなるだろう[27]。

しかし、ヒューストンがサンハシントの戦いでメキシコ軍に勝利したので、この作戦が実行されることはなかった。したがって、ゲインズがナコドーチスに進駐した理由は、インディアンがテキサス領域内に入ったという情報を受けたからというものであった[28]。ジャクソン自身がこのことを明確に述べている。彼のテキサス政策は表面的に中立であったとはいえ、従来からテキサスの売却をメキシコ政府に要請してきた張本人であった。しかし、それが暗礁に乗り上げているまさにその時に、テキサスの内紛勃発を願い、それが実現した。しかし、一八三六年四月、サンハシントの戦いで奇跡的にヒューストンがサンタアナを破ってからは別の考えがひらめいた。それはテキサスの独立であり、独立をさせてから併合するという方式を支持したのであった[29]。

## おわりに

ヒューストンという人物の評価は難しい。サンハシントの戦いは入念に計画されたものだったかどうかは意見の二分するところであるが、それ以前の彼の消極性を勘案して、おそらくサンハシントの戦いでの勝利は、いわば成り行きのなかで起こった奇跡的な所産ではなかったかと考えられる。従って、サンハシントの戦い以降のヒューストンに対する評価は一転し、それまでとは雲泥の差である。まさにヒューストンは、テキサスのジョージ・ワシントンと評価される存在と化したのである。しかし、われわれの考えによると、アラモ砦事件で味方にまで見離され、見殺しにされたという状況を生みだした、張本人に対する責任は問われなければならない。アラモ砦に友軍が籠城している最中の三月二日、彼はテキサスの独立を宣言したのである。まさにアラモ砦はサンタアナ軍の到来を阻止し、時間稼ぎをしたわけであった。しかし、その代償はあまりに大きかった。テキサス共和国最後の大統領ジョンズ（Anson Johns）は、ヒューストンの人格を見抜いていたようだ。彼は次のように述べている。

　ヒューストン将軍ほど、他人の素晴らしい活躍による功績を、わがもののように横取りすることに長けた人物はいない。[30]

だが、ある意味で、このような「奸智」に長けた人物の成功が功績となり、その歩みが歴史の記念碑に刻まれるのが世の常である。ヒューストンはテキサス共和国の初代大統領に就任した。だから現在、彼の偉業と評価は、同名の大都市の名前に表象されているのである。そして何より、サンハシントでの勝利は自らの国力に対する米国人の自信を一段と深め、一〇年後に勃発する米墨戦争で、米国が積極的に介入していくのに十分な精神的土台となったのである。

テキサス共和国はその後九年間続いた。ヒューストン（第一次）、ラマー、ヒューストン（第二次）、ジョンズの歴代大統領を輩出し、一八四五年一二月、テキサス共和国は、テキサス州として米国連邦に加盟が認められた。その意味で、米墨戦争は、テキサスの併合を目的とする戦争ではなかった。なぜなら、テキサス併合は、一八四六年四月末に勃発した米墨戦争以前に、すでに完了していたからである。むしろ米墨戦争は、残りの南西部のメキシコ領の獲得を目指した国家間紛争であった。

# 第八章　映画『アラモの殉教者』をめぐる文化批評

## はじめに

『アラモの殉教者』（*Martyrs of the Alamo*）は、ちょうどメキシコ革命の最中の一九一五年に製作された。当然ながら、時代的に、時折字幕が入る、いわゆる白黒の無声映画である。一九一一年から一九一五年までの四年間に立て続けにアラモ砦に関する映画が四本も製作されたことからして、米国での関心の高さを垣間みることができよう。『不滅のアラモ』（The Immortal Alamo, 一九一一）、『アラモ砦攻囲と陥落』（The Siege and Fall of the Alamo, 一九一四）、『アラモ砦の陥落』（The Fall of the Alamo, 一九一四）の三本については、すでにフィルムが残っておらず、最後の一九一五年に製作された本作品が現存する最古のアラモ映画となっている。このように、アラモ砦事件に対する関心の背景には、当時のメキシコ革命の影響が少なからずあったことが容易に推察できよう。概して米国政府は、メキシコ革命の煽りを受けないように、米国内の治安維持に心がけると同時に、早くからメキシコに安定した親米政権を樹立しようと策略を巡らしていた。そのため、米国はベラクルスの封鎖、さらにはメキシコへ海兵隊を上陸させるに至った（一九一四年四月）。一九世紀後半から二〇世紀初頭にかけて、米国南西部ではメキシコ系犯罪者とアングロ系騎馬警備隊、テキサス・レンジャーズ（Texas Rangers）の闘争が続いた。従って、米国内において少なからず社会の不安定要因として存在していたメキシコ系（人）を駆逐することに懸命であった米国は、強い反メキシコ感情を抱きつつ、逆説的に、南の国への非常な関心をもったと推察されうる。無論、メキシコ人の「野蛮」や残忍性、および国家や社会の不安定さは、すでにその八〇年前のアラモ砦など一連の出来事を通じて認識されていたことであった。メキシコ革命という当時の時代的背景と相俟ってアラモ映画が製作されたとすれば、過去の事績を回顧し、改めて、メキシコから独立したテキサスおよび米国に対する賛美を、映画というメディアを用いて謳おうとしたのではないかと考えられるのである。

第一節で、映画のあらすじを述べる。第二節で、二項対立技法から本映画の文化批評を行なう。第三節で、サンタアナの戦場における情事という言説について論じる。第四節で、イエロー・ローズとメルチョラ・バレラ論について考察しよう。

## 一　本映画のあらすじ

なぜか、映画の冒頭からすでにサンアントニオにサンタアナがいる。登場するメキシコ人は全員軍人で軍服を着ている。他方、民衆は全員がテキサス人で、彼らは米国からの移民という設定であり、その象徴が私服の白人（フロンティアの開拓者）であることがわかる。対照的に、白人の女性にみだらに声をかけ、下品な行動に出るなど、メキシコ軍人は酔っ払った勢いでの無礼な振る舞いや狼藉の場面が目立つ。そして、堪忍袋の緒が切れたある白人女性の夫は、自宅にあった銃でついにメキシコ軍人に発砲する。夫は即刻投獄され、同時に民衆の武器所持を禁止する命令が出された。そこで、各家庭をメキシコ軍人が回って「銃」の没収が始まる。そのなかに、映画では最後まで名が明かされないが、おそらくイエロー・ローズ（Yellow Rose）と思われる女性の家が登場する。最初彼女をみた段階では、イエロー・ローズであることはまだわからない。なぜなら、この映画でのイエロー・ローズは白人のブロンド髪の女性の設定であるからである。通説ではイエロー・ローズ、つまり「黄色のバラ」とは黒人、少なくとも有色人種を指し、また、アラモ砦のあるサンアントニオに住んでいたことになっていない。映画ではこの女性とその父親が、自宅の捜索を受けた後に、この女性と恋人の設

**聾者スミス（右）と、イエロー・ローズ（中央）と父親（左）**

出所：Richard R. Flores, *Remembering the Alamo: Memory, Modernity and the Master Symbol*, University of Texas Press, 2002, p. 104.

定になっている通称Deaf Smithといわれている聾者スミスが、このイエロー・ローズ宅に登場する。ちなみに、聾者スミスは実在の人物であるが、この人物の言説はフィクション性が高く、実態を上回るほどの説話として物語が展開されている。

この映画の面白い点は、聾者スミスが極めて中心的な役割を果たしていることである。彼は健常者か否かという二分法によるカテゴリーでいえば、健常者ではないために、メッセンジャーとして、あるいはスパイとして活躍するのである。ところで、サンタアナが一旦、サンアントニオを離れ、コスがアラモ砦を支配すると、やがて武装化したテキサスの白人がアラモを占拠する。以来、サンアントニオの町ではメキシコ軍人が白人の前で帽子を脱ぎ、丁重に頭を下げて挨拶しなければならないという規則ができる。聾者スミスのスパイ活動のおかげで、サンアントニオの住民は、サンタアナが再び平定を期し、サンアントニオにもどってくることを知った。そして、ヒューストンがテキサスの独立宣言に調印した場面の後、サンタアナがサンアントニオにもどってくるシーンへと変わる。第一日目に行なわれたメキシコ軍による攻撃をはね返し、最終的に砦は維持できた。砦の中の白人たちが手を取り合い喜んでいるシーンが描かれているのが証左である。また細かいところであるが、メキシコ軍が戦う前に十字を切るシーンが挿入されていることは注目に値する。これはあまり他のアラモ映画ではみられない描写である。ひいては映画『ワン・マンズ・ヒーロー』（米・一九九八）という、米墨戦争の前夜の一八四〇年代前半に、大量に米国へ移民してきたアイルランド人青年たちが米国軍から脱走し、メキシコ軍に入隊するが、その戦いの始まるシーンでも同様に、メキシコ軍人の前で神父の説教と祈りが捧げられている。

この後、一〇日目の有名な「線引き」のシーンに移る。ローズとされる男だけが一人だけ線の向こうに留まったままであるが、本作品の中では殊さら重視されていない。むしろ、全員がアラモで死ぬことを選び、病床の身にあるボウイもこれに加わったことに対し、映画でも（音声はないが）喚声が上がっている。ボウイとトラヴィスの当初の不仲をクロケットが取りもつ場面も入っている。一三日目の最後の攻防戦のシーンでは、すでに聾者スミスは、トラヴィスの命でアラモを出てヒューストンのもとに向かっている。これは史実の通りである。去る前に永遠の別れとしてスミスはボウイと抱擁するが、その左横に白黒映画のせいか、あるいはメイクのせいか、ひときわ肌の黒さが目立つ黒人奴隷がいるが、これはトラヴィスの奴隷ジョーではない。ところで、この映画でジョーは出てこない（ジョン・ウェインの『アラモ』でも同様である）。実はボウイの女奴隷である炊事係のベティがいたといわれているが、男の奴隷についての言及はほぼ皆無で、信憑性は疑わしいが、本映画では、その奴隷が主人であるボウイの介護をしている。

もう一つ気になることは、ブロンド髪の白人の幼児がアラモ砦に隠れているとの設定である。二、三のシーンにこの幼児は登場するが、おそらく、砦の中で戦っている白人兵士の子供であろう。しかし、母親は同伴していないので、もしかすると、すでに親と逸《はぐ》れていたのかもしれない。その幼児が一シーンのみクローズアップされる時がある。そこには、アラモ内の壁か何かの隙間に隠れているその姿が映し出されている。しかし、次の瞬間、その男児の首根っこをつかむメキシコ兵の手だけが画面の右側から伸びてきて、さらに次のシーンでは、すでにぐったりした男の子を力ずくで空中へ放り投げるという場面が挿入されている。また別のシーンでは、画面の奥で姿が小さくよく判然としない

**『アラモ』でデイビッド・クロケットを演じるジョン・ウェイン（中央はセギン役のジョセフ・カレリア、右はフラガ役のリンダ・クリスタル）**

出所：Richard R. Flores, *Remembering the Alamo: Memory, Modernity and the Master Symbol*, University of Texas Press, Flores, 2002, p. 116.

が、銃殺刑に処されているクロケットが映し出されている。これらはすべて、メキシコ軍およびサンタアナの残忍性の表象であろうか。

さて、戦いは終わった。サンタアナが戦闘終結後のアラモを訪れ、女性や子供が次々に連れ出される。ただし、奴隷のジョーの姿は結局、この映画ではみられない。女や子供が出てくるが、とりわけサンタアナが興味をもったのは、さきほどのブロンド髪の白人女性、つまり聾者スミスの恋人で、おそらくイエロー・ローズと推定される女性であった。サンタアナは彼女に惹かれ、互いに目が合う。しかし、ここで思わぬ展開が起こる。この女性がサンタアナに平手打ちをして去っていくのである。そして、直後、ディキンソン夫人が赤ん坊であるアンジェリーナを抱き、夫を失った悲しみで涙するが、当該映画のサンタアナはディキンソン夫人に対し、格別そのような感情を寄せていなかったようである（ディキンソン夫人に憧れるサンタアナという物語が一方で存在する）。というのは、次の場面では史実通り、アラモから馬に乗ったディキンソン夫人とアンジェリーナを見送るサンタアナが登場し、ディキンソン夫人はヒューストンのところへ向かい、アラモ砦の事件の一部始終を報告するシーンが映し出されている。

本映画は二〇〇四年の『アラモ』同様、アラモ砦事件で物語は終わらずに、サンハシントの戦いの場面まで描いている。そこで、サンハシントの戦いへと場面が変わると、ここで驚いたことに、イエロー・ローズと思しき白人女性がメキシコ軍の陣営にいたのである。このことから、われわれは、ディキンソン夫人は解放されたが、彼女は解放されなかったことに気がつく。その理由は、サンタアナの彼女に対する性的関心や嫉妬によるものであろうと容易に想像できよう。ところが、映画ではさらに、現実と、非現実である伝説との交錯したようなシーンが展開される。つまり、サンハシントのメキシコ軍陣営に、聾者スミスが偵察する目的で参上したのである（これは史実とされている）。しかし、スミスはこの時、偶然みつかり捕まる（以下は、史実ではない）。しかし聾者だから、作戦会議の内容を傍受していないという多くのメキシコ軍将校の意見もあったが、それを確かめるためにサンタアナが銃口をわざと耳元において発砲する。スミスが本当に聾者かどうかを知るためであった。その結果、スミスは銃声に驚くこともなく、何事もなかったかのような顔をしたので、サンタアナは安心すると同時に、その聾者を蔑視し、部下の兵士に向こうへ連れて行くように命じる。しかし、聾者スミスは結局、見張りのメキシコ兵を打ちのめし、恋人のイエロー・ローズのテントを探して、無事彼女を救出するのに成功する。

ところで、本作品でも伝説の通り、メキシコ軍はサンハシントの戦場で、シエスタの時間に突入したとされる。ここでは、サンタアナがテントの中でメキシコ人と思しき四、五人の女性、なぜか全員フラメンコダンサーのような衣装を身に纏い、サンタアナの前で舞を披露している（スペインの文化であるフラメンコがメキシコのそれに置き換えられている。この間違いは果たして、製作者である米国人の無知から来るものか、あるいは、半ば意図的なのかは知る由もない。ジョン・ウェインの『アラモ』でも同様に、華やかなメキシコ人女性にスペイン人女性のステレオタイプが当てはめられている）。また、一人の強《したた》かなメキシコ女性ダンサーは、サンタアナに大きな黒い瞳で、まるで色目をつかっているかを描写すべくクローズアップされている。一方、サンタアナの目つきはうつろで、酒を飲み、ドラッグ（大麻かアヘンか）を吸引しているようである。やがて、そこを襲撃され、ふらふらしながらテントの外へ出て戦おうとするが、足もとがおぼつかない。結果的に、部下の誘導で逃げ失せる。やがて、その部下が茂みに隠れているところをテキサス軍にみつかり、サンタアナの居場所を尋問されるが口を割らなかった。ところが、聾者スミスは同じ草むらからサンタアナを発見し確保した。次に有名なシーンであるが、大きなオーク木の木陰で、足を戦闘で負傷し横になっていたヒューストンが登場する。そこにサンタアナが連行されてくる。多くのテキサス兵からは殺してしまえという意見があったのであろう、サンタアナの首には早速、ロープが掛けられていたが、それをヒューストンが制止した。そして次のシーンで、サンタアナが独立承認に調印する場面に変わり、調印が終わると、ヒューストンに対し、サンタアナが丁重に頭をさげてお辞儀をし、その場を離れた。その時に、ヒューストンを含め、周りのテキサス人たちはいやな微笑みをする。最後、映画は歴史の変遷の象徴である旗を時代順に映し出す。一八二四年憲法を象徴するメキシコ時代の旗、テキサス共和国Lone Starの旗、南部連合の旗、そして最後に星条旗が映し出され、映画の幕は閉じられている。

## 二　二項対立技法から読み取れるもの、読み取れないもの

本映画にテハノのセギンは登場しない。セギンはまさに二項対立から漏れる人物であるからだ。セギンはテキサスに住むメキシコ系であるが、メキシコ系富裕層でテキサス独立戦争においては、アングロ系白人と協働した人物である。つまり、まさに二項対立の狭間を歩んだ人物であり、同時に、そこを歩かされた人物でもある。換言すれば、彼は使者《メッセンジャー》の役割を何度か担わされたのである。一つの解釈として、彼はメキシコ系特有の身体を有し、スペイン語を解し、アラモ砦の外あるいは道中にいるメキシコ軍の中を難なく通過できるという、アングロサクソン系の期待に応えるために、使者に選ばれたといわれている[1]。すなわち、メキシコ系のテハノだからこそ、危険な使者の仕事が任されたとも解釈できるのである。この背景に人種的偏見や蔑視がまったくなかったとはいえないであろう。しかし、それは、テハノである彼以外に、白人の使者が存在していたという事実により否定されなければならない。

さて、一九六〇年のジョン・ウェインの『アラモ』、そして二〇〇四年の『アラモ』にはセギンが登場する。二〇〇四年の『アラモ』では、セギンはメキシコ系テハノのボスとして任命され、スペイン語で部下に説明するようにヒューストンに求められているシーンがある。そして、ヒューストンがサンハシントの戦場でテキサス軍のなかのテハノ（メキシコ的身体）と敵軍のメキシコ人との区別がわ

からず、全員帽子に白いカードを挟むことで、味方のテハノであることを一目瞭然に識別できるように、ヒューストンに事前に命じられていた（これは史実とされている）。[2] メキシコ軍は基本的に軍服を着ているはずであり、テキサス軍のような私服で戦っているわけではなかったので、現実には無用な心配であるが、果たして差別の念がこうさせたのであろうか。

映画『アラモの殉教者たち』では二項対立が重要な柱として構成されており、これを「越境」する要素を有するセギンをどうしても扱えなかったのか。しかし、この考えは当たらない。本映画では、セギン同様の「越境者」として聾者スミスを扱っているからである。聾者スミスもある意味で、二項対立からはみ出る存在であった。現実に、スミスはセギン同様、トラヴィスの使者としてアラモ砦から何度か外へ出ている。最後はヒューストンへの使者としてアラモを脱出したため、セギン同様、命拾いしている。

スミスは白人である。その意味で、彼は本来白人のカテゴリーに入るはずである。では、どうしてスミスが使者を託されたのか。そこで考えられるのは、もう一つの二項対立が存在するのではないかということである。それは健常者と被健常者の二項対立である。後者に該当するのはスミスだけとなる。白人でありながら聾者であり、使者や偵察の役割を命じられる。この言説はアラモではなく、サンハシントの戦いの前に、彼が現実に、サンタアナ軍を偵察し、事前に橋を爆破し川を渡れないようにしたという史実により、サンハシントでの勝利の可能性がより高まったとされていることから、本映画のなかの彼の人物像が拡大して創られているものと思われる。

しかし、実際には、後で述べるように、トラヴィスに命じられたアラモ砦からの他の使者は上のカテゴリーでいえば白人の健常者である。従って、聾者スミスが非健常者というカテゴリーに位置付けられ、その生命に対する危険等が案じられていなかったという見方は当たらない。映画の中の描写からわかる通り、メキシコ軍の陣営でスパイ活動をしている聾者スミスが二つの異なるシーンで登場する。とりわけ、サンハシントの戦いのスパイ活動の際はメキシコ軍に拘束される。その時に本当に聾者なのかを調べるために、サンタアナはスミスの耳元で銃を発砲し反応をみたのである。身動き一つしないスミスに、サンタアナをはじめメキシコの将軍たちは安堵すると同時に彼を嘲笑する。そして、その後にスミスを監禁するわけでもなく、下級の部下に彼の扱いを任せ、彼を無視して作戦会議に入るのである。このようなサンタアナを代表とするメキシコ人（非白人）による聾者スミス（非健常者の白人）に対する行為からわかるように、メキシコ人は聾者スミスを完全に敵軍の白人のカテゴリーから他者化してしまっている。しかしながら、最終的に、聾者スミス（非健常者）がサンタアナ（非白人）を捕虜とすることに成功し、逆に、白人非健常者が有色人種より優等であるという白人優位（ホワイトネス）の論理が貫徹されている。

加えて、聾者というカテゴリーに入れられ他者化されることは、物語の世界でさらなる伝説を呼んでいる。聾者スミスは白人でありながら、メキシコ軍の配置されているところを容易に通り抜け、使者としての役割を果たし、また、敵軍のキャンプへ侵入しスパイ活動を行ない、「越境人」として活躍するのである。越境者であるがゆえに不死の存在と化しているのである。聾者スミスは白人であるが、実際にスミスはテハノの女性と結婚している。そして、物語においては聾者であるために、まさにアングロ系白人とメキシコ軍の両方をまたにかけ、情報を収集することに成功するという言説がつくられている。これはセギンでは成立しない。なぜなら、セギンはホワイトネスの観点からいえば、彼はメキシコ系のテハノであり、ホワイトネスの要素がまったくなく、物語の言説という観点に立てば、聾者スミスのような不死の越境者には成り得ないことを意味しているからである。聾者スミスは健常者のカテゴリーからは他者化されるが、白人のカテゴリーに入ることは許される。そして、ホワイトネスの論理の優先性により、聾者スミスの身体と生命は擁護されるのである。

ところで、史実は、聾者スミスが少なくとも偵察に出たのはサンハシントの戦いの直前だけで、アラモ陥落前に偵察活動をしていない。しかし、物語の世界で、スミスは常に使者や偵察の役割を何度もこなし、越境者であり続けているのである。

また、トラヴィスの旧友として、彼がアラモに一時的にいたことは事実で、使者の任命を受けたのも間違いないが、彼はサンタアナがサンアントニオに到着する以前の二月一五日に砦を出たとされている。しかし、先の『アラモの殉教者』では、初日の戦い以降に聾者スミスが地下道を通って脱出しており、史実と異なった造形がなされている。まさに物語の世界ではスミスは聾者として他者化されることにより、殉教者のカテゴリーから外されている。むしろ、アラモのなかで、ひたすら死ぬ時を待つ人間集団に属するのではなく、外向きの、それこそ自由精神をもった越境人として大活躍するのである。

他方、アラモ砦に関係するスミス姓の持ち主は、聾者スミス以外に、暫定総督ヘンリー・スミス、サンアントニオ在住の商人ジョン・スミス（John W. Smith）の二人がいる。後者はアラモ砦にいた人物である。ジョン・スミスは聾者スミスと同様に、二度の使者を務め、襲撃の前日にアラモを去ったといわれている。しかし、ジョン・スミスは、ファン・セギンや聾者スミスに比べると、歴史上の言説を考察する際に、さほどあがって来ない人物であるが、その功績は実に、聾者スミスと重なる部分をもっている。映画では前者の功績が後者のそれに含めて描写されている感がする。ジョン・スミスは、サンタアナがアラモ砦を包囲してから二度、外に使者として出た人物だからである。二度目の出発は一三日目の虐殺事件の直前であった。そして戻って戦おうとしたが、それに間に合わなかったとされている。

また、メキシコ人からは赤ら顔（El Colorado）という通称で呼ばれていたジョン・スミスの、妻は聾者スミスの妻と同じくテハナである。そして彼は、テキサス共和国になって初めてのサンアントニオ行政長官となった人物であり、その点で、ファン・セギンはメキシコ領における最後のサンアントニオ行政長官であった。すでに述べたように、セギンはテキサス軍側について戦ったにもかかわらず、一八四二年にはサンアントニオを追い出され、リオグランデ以南のメキシコに逃れた人物であった。しかも米墨戦争の時は、メキシコ軍として戦うことを余儀なくされ、完全に米墨という両国家権力の狭間に立たされ、他者化された人物であった。

## 三　大麻と情事とサンタアナという言説

二項対立のもう一つの事例として、『アラモの殉教者』では、メキシコと負の要素が結びつけられていることである。とりわけ、メキシコ軍の統帥であるサンタアナがその対象となっている。アラモの虐殺という史実から、メキシコ人の野蛮性、非人道性、その指導者であるサンタアナの無慈悲さ、暴君性を視野に入れ、当該映画では殺戮場面がしばしば描写されるが、白黒の無声映画にみる技術上の限界というべきか、われわれ現代人には映像的な視覚的インパクトはそれほどではない。むしろ、メキシコ兵士がブロンド髪の幼児の首根っこを捕まえて、締め上げ、放り投げるシーンの方が印象に残る。しかし、このような非人道的かつ「野蛮」なメキシコよりも、われわれの主たる関心は物語の世界で嘲笑される対象としてのメキシコ人、とりわけサンタアナに注がれる。おそらく、製作側の権力者である米国人も、そこにもう一つの力点を置いていたはずである。

軍人というオフィシャル性の裏側のプライベイトな部分、つまり、軍人がその身に纏った鎧や仮面を取った一個人の身体に見え隠れする人間の欲望の部分に焦点が当てられ、描写されるのである。換言すれば、「見られる」対象となっていることが、すでに権力者（この場合は米国人や米国の国家権力を指す）の絶好の餌食となり、彼らの恣意的な描写の良き糧になっている。要するに、嘲笑こそ「野蛮」メキシコに恥辱を与える最高の手段かもしれない。そして、その餌食の第一の標的がサンタアナとされている。

本来、人間が有する快楽という欲望の一つの形態は、特定の他者を嘲笑の対象にして、自己とそれ以外の他者との関係、換言すれば、その協調関係や優劣関係を形成することにある。究極的には自己満足と自己愛の追求である。サンタアナの食に対する欲望や拘りは重視されていない（サンタアナは、戦場でも金や銀製の食器で食事をしていたという有名な言説がある）。米国人のサンタアナのイメージは、モクテスマ（モンテスマ）王と結びつけられる。「モクテスマの館へ」（To the Hall of the Montezuma）

という米墨戦争期に米国人の間で広まっていた標語は、米国人によるメキシコ侵略への関心を高揚させたとされる。加えて、米国人は下世話にも、彼の「性欲」を標的にしている。野営しているテントのなかのプライベイトな、とりわけ性欲の部分は、本来は他者の知る興味の範疇でもなければ知るすべもないはずである。権力者であれば、それは関与の対象にはならないし、また人徳上、配慮と権力を施して見られないようにすると一般に考えられる。それはオフィシャルな功績に傷がつき、その人物の人格や権力を揺るがすことが予測されるため、権力者は最大の注意と配慮を払うのが常だからである。従って、権力により、それは外部に漏れないように遮断されるのが鉄則であり、アラモ砦の映画ではトラヴィス、ボウイ、クロケット、ヒューストンなどの面々のセクシュアリティは関心の対象にはならず、「見る」ことも「見られる」こともできない。では、どうしてサンタアナだけがその対象となるのか。それは、サンタアナが二流、三流の権力者として、いわゆる神聖な「権力者」の範疇から他者化されていたからである。

無論、それを強要するのは、アングロサクソン系白人の権力であり、より正確には、米国の国家権力と考えてもよい。サンタアナが嘲笑の対象とされ、他者化される可能性が一番高いのが物語の世界である。しかも、物語の読み手または映画の観客は、実のところそれを期待している。間抜けの「権力者」だからこそ、最後はサンハシントの戦いで敗れたのである。妻をベラクルスのマンガ・デ・クラボに残し、単身で赴いた任地先で、しかも戦場という重要なオフィシャルな場で不貞を楽しんでいることが世間に晒されているのである。サンタアナを嘲笑の対象として弄び、かつその権力をも失墜させるのが狙いである。当該映画では、白人女性でブロンド髪の、おそらくイエロー・ローズと思われる女性に一目ぼれする。しかし、ディキンソン夫人は白人であるが、サンタアナは情事の相手ではなかったようである。それはなぜか。スザナ・ディキンソン夫人はブロンドではなく、茶色の髪をしていたこととと関係があるのか（実際にディキンソン夫人はブロンド髪ではなかった。しかし、アラモ映画ではディキンソン夫人はブロンド髪の女優が演じることが多い）。それが正しいとすれば、一つはサンタアナの白人に対する限りない憧れと、そこへの服従と執着心にあるのではないか。無論、物語上で、ホワイトネスが話題になる場合、それはアングロサクソン系白人の押し付けの部分と、サンタアナがホワイトネスに対する自発的な憧れや執着心があった場合の両方に分けて考えなければならない。白人嫌いの裏返しにある憧れや嫉妬が、ホワイトネスへの関心を高めていることもある。

しかし現実には、サンハシントの戦いの勃発直前、本映画ではテントの中で女たちの舞がサンタアナの前で披露されていたが、そこにはこのブロンド髪の女性はいない。実際にサンタアナに従属する女性は、メキシコ人女性ばかりであったという言説にも読み取れる。そこにいた一人のメキシコ人女性はサンタアナに色目をつかって気を引こうとしている。彼女の大きな瞳が一瞬クローズアップされる。そして、サンタアナは大麻の吸引中のように目つきが虚ろである。彼にとって、快楽の追求は性欲だけではなかったようである。そもそも、戦場における性欲や快楽の追求は上官であればあるほど、世間の批判の対象となり、節制するか、少なくとも公にしないように封じ込めるべきであり、ヒューストンが目と鼻の先まで接近していたのならば、それは至極当たり前の振る舞いだったはずである。こうしたサンタアナの醜態を、米国人の「権力」が究極的に懲らしめた筋書きであるが、それがすべて米国人の享楽、快楽の肥やしになったことは看過できない。従って、サンタアナに対する嘲笑的な言説は、皮肉なことに、米国人の「楽しさ」や「笑い」を生むのである。しかもそれを聞かされて驚く者すらいない。なぜなら、メキシコ人のサンタアナだからである。最初から嘲笑の対象に他ならず、そこに違和感は存在しない。逆に、見ている者は、「見せる」者の権力装置の効果を半ば裏切るかのごとく、サンタアナを嘲笑の対象とすることで、彼の一連の行動に野蛮性というより、一種の「親しみ」まで覚えるのかもしれない。

当該映画では、サンタアナが舞に興じ大麻を吸引しているところを急襲され、テントの外に飛び出してくるという設定になっていたが、小説や説話の世界では、まさに情事の最中を下着姿で逃げたという憶測が語られ文章化されるほど、いつしか多彩で煽情的な描写になっている。[3] 一般にはシエスタ中を襲撃されたとされているが、この場合もシエスタを悪しきスペイン的慣習として蔑視する米国人の想いが伝わってくるのである。

後世、歴史家のなかにトラヴィスのセクシュアリティを暴露した者がいた。トラヴィスが残した日記が材料であるが、彼の品格まで歪める要因にもなりかねず、ほとんどの歴史家がそれを封印している。つまり、彼と性的関係にあった者が何人いたとか、その思い出を丁寧に英語とスペイン語の両方で記し、性に対して異常といわんばかりの執着心があったことを綴っているのである。例えば、妻との離婚が成立していない状況のなかで、五六人の女と情事におよんだ（chingar というスペイン語の動詞を使って記した）という記述は、アラモ砦で死んだ真摯な独立英霊のトラヴィス像とはあまりに乖離しているために、多くの研究者が触れたくない部分である。それはあまりにもイメージと逆行してリアルすぎるのである。[4] 二七歳の若き長身でハンサムな指揮官という、これまでの歴史が形成してきた彼の品格を完全に覆すかのようなプライベイト時のセクシュアリティをいったい、誰が知りたいと思うか。独立と自由の英霊とされる、トラヴィスの人間像を全く否定する禁断の領域を探査することが果たして許されることなのであろうか。

歴史家の仕事が真実の発掘にあることに違いない。米国国家に美化されたオフィシャル・ヒストリーを修正することは大変意義あることだ。しかし、そのために、極めて個人的なセクシュアリティを持ち出し、それをもって功績や人格のすべてを否定し攻撃することには後味の悪さを感じる。それは、セクシュアリティがオフィシャル・ヒストリーを形成している特定の人物の偉業の主たる根幹をなす男性性そのものではなく、むしろ、それを間接的に支えてきた外郭にあるものと考えられるからである。強い国家の創設という使命感を自負している戦士たちは戦場という空間において、当然、生死をかけて積極的に戦いへ挑もうとする闘争心、つまり男性性を否応なく高める感情に迫られたことは疑いない。むしろ、男根主義によって戦場での男性性が回復し、維持されてきた側面を完全には否定できないであろう。つまり、外郭にある個のセクシュアリティがオフィシャル・ヒストリーやナショナル・ヒストリーに必要な男性性の一つの源泉であったと考えられる。この意味でいえば、トラヴィスは極めて優秀な戦士であったことになる。しかし、後世の人間が彼を英霊にするうえで、負の男根主義に対する世の中の極度な憎悪感への配慮とその払拭に努め、「神聖化」されるには、セクシュアリティや男根主義を制御し立ち切ることのできる、いわゆる人間を超越した存在であることを余儀なくさせたのであった。

従って、米国人の研究者は概して、トラヴィスを擁護する。彼は性欲の病気を患っていたとか、あるいは彼は死ぬ前に生きてきた証として、自らの軌跡を書き留めるという衝動に駆られたとか、あるいはブレイアーの言及にあるように、自己の人生をテキサスのために犠牲にした「英霊」こそトラヴィスであることが最も重要なことで、これに勝るものはないと偽善的に解釈する。また彼女は、アラモ神話が成立するために「三位一体説」を擁護する必要があり、トラヴィスは、ボウイとクロケットと並んで欠かせない存在であり、過去の過ちは死によって償われるとまで、寛大な見解を述べることにより、米国人研究者はトラヴィスを執拗に擁護するのである。[5]

その点からいえば、サンタアナはトラヴィス的ではない。そんな嘲笑の心配に動じることもない。しかもサンタアナは、そこまで歴史記述やオフィシャル・ヒストリーにおいて擁護されない。しかし、サンタアナの場合はその必要はないともいえる。われわれはサンタアナのセクシュアリティを知りたくもないが、現実にそのような言説や伝説がいくつか浮上してきているにもかかわらず、サンタアナの「英雄伝」の本質はそれごときで崩れるものではない。サンタアナが権力による嘲笑の対象である限り、それは許容範囲である。すべては「遊び」や「享楽」の言説であり、われわれの寛大な配慮のなかで処理されるからである。その点では、「非権力者」は強みをもっているのである。

## 四　イエロー・ローズ（Yellow Rose）とは誰か

映画『アラモの殉教者』では、白人のブロンド髪の女性がイエロー・ローズとされている。しかし通説では、イエロー・ローズは「黄色」の肌をしており、有色人種と考えられている。具体的には、当時一九歳のムラートの奴隷であったエミリー・モーガンではなかったかとされている。彼女は白人領主のジェイムズ・モーガン大佐の所有物であったので、モーガンという姓を与えられている。主人のモーガンはテキサスのニューワシントン近郊で、プランテーション経営をしていた。

通常、イエロー・ローズは、サンハシントの戦いに関与した人物であると考えられている。従って、本映画で描かれるアラモ砦と本来無関係である。また、聾者スミスとの接点は現実にはなかったとされる。なぜなら、エミリーは伝説上の人物だからである。さて、サンタアナはエミリー（イエロー・ローズ）ともう一人の黒人奴隷の少年ターナーとともに、サンハシントへ向かっていた。サンタアナはターナーにテキサス軍の偵察を命じるが、エミリーはサンタアナには内緒でターナーに、ヒューストンへサンタアナ軍の情報を伝えるように助言する。ターナーはこれに応じ、サンタアナ軍の機密情報だけでなく、サンタアナがエミリーに夢中であることも伝えたという。しかも、エミリーと連れ立ってテントのなかに消えたという。さらに、聾者スミスの情報がこの裏をとった。そこで戦いを拒んでいたヒューストンは急遽、意を決し、攻撃を始めたという言説である。襲撃されたとき、サンタアナは下着姿でテントから飛び出し、荒馬に乗って戦場とは逆の方向へ逃げ、戦場近くの農園にある納屋に辿りつき、そこで身を潜めた。サンタアナはそこに置いてあった古着に着替え、農夫に「変装」したという。

ところで、エミリー（イエロー・ローズ）の伝説はそこで終わる。誰も彼女がその後、どうなったのかを知らない。そこで言説によると、イエロー・ローズはサンハシントの戦闘で死んだとか、あるいは無事に故郷へ帰り、その後、自由奴隷になったなど、いろいろな噂が流れた[6]。ただ彼女の「名声」

だけは着実に後世に残り、テキサスの独立に貢献した伝説上の人物として高く評価されている。早くも一八五〇年代には、「テキサスのイエロー・ローズ」（Yellow Rose of Texas）という歌がつくられた。その一方で、彼女に関する多様な伝説が生まれた。米国人の後世の研究者のなかには、偏見で固められたジェンダーによる二分法論を用いるがゆえに、エミリーやテキサス女性（テハナ）を蔑視の対象として捉える研究者が少なくなかった。マックアリスターやシュフラーは、サンタアナはエミリー（イエロー・ローズ）のセックスシンボルに敗れたと述べる[7]。また、ハイウォーターは、エミリーはイヴに相当し、一般のテキサス女性は聖母マリアに喩えることが可能であるとする。イヴとは、男性に服従し男性のセクシュアリティを助長させる存在、他方、マリアとは、禁欲的な存在である。そこでハイウォーターは、結局、女性は無垢なマリアと好色なイヴの間をさまよう、男性より下等な生き物であり、つまり、女性のマリア的およびイヴ的特質は文明社会の基盤にあるべき男性の合理性を恐怖に陥れると結論する。そして、女性のセクシュアリティを真に制覇できる男こそ、真の男性であると力説した[8]。換言すれば、それは白人男性であるという論理の正当化である。こうして白人男性による独立の「神話」が確立されるわけである。サンタアナはエミリーにだまされたが、これはメキシコ人の劣等性によるものと解釈されるのである。

他方、エミリーは有色人種であるために、サンタアナと性的関係を結ぶ娼婦のようなことができたとする言説もある。他方、ディキンソン夫人のごとく、従順な白人女性は夫の戦いに娘とともにアラモ砦に立て籠るのが相応しく、彼女たちは決してサンタアナと性的関係に至らないとした。以上は、究極的にアングロサクソン系白人男性の優位を物語る言説である。サンタアナと違い、白人男性は戦場で自己のセクシュアリティを制御できるということも、その優位に関係しているという言説もある。ここでは、セクシュアリティという欲望は「負」のものとみなされている。そして、このセクシュアリティを断ち切り、自己を管理できる男性こそ、真の強い男性であり、これこそが強権国家の基盤に足る人間であるという伝統的な見解が再確認できる。スポーツ選手、兵士、軍人、政治家、企業家などがセクシュアリティを自らで遮断してきた結果が、まさに強国を生む条件として考えられてきたという歴史がある。メキシコ軍は一九世紀の戦いの時、家族が戦場に同伴することが少なくなかった。[9]米国側の見解によると、この事実は、メキシコ人男性、ひいてはメキシコ国家や軍隊の弱体性を証明するものと考えられる。

ターナーは、エミリーがサンタアナとの性的関係を頑なに拒んだことを強調し、イエロー・ローズを美化しようと懸命に努力している。実際、エミリー・モーガン・ホテルは一つの文化的表象となっている。そこのロビーにある記念銘板には、次のように書かれている。

エミリー・モーガンという美しいムラートの奴隷がいなければ、テキサスはコアウイラ・イ・テハスとして、メキシコ共和国内に留まっていたであろう。(中略)サンタアナの、女性に対する関心やエミリー・モーガンのテキサスに対する献身ぶりが、メキシコ崩壊の運命に結びついた。[10]

## 五　メルチョラ・バレラ

もう一人の、サンタアナの情事の相手として有名な、半ば伝説上の人物は、メルチョラ・バレラである。彼女を登場させる映画としては、一九八七年製作の『アラモ2』と二〇〇四年製作の『アラモ』がある。メルチョラはサンアントニオに母と暮らしていた。彼女の父親はメキシコ軍の将校で、すでにアラモ砦事件以前に亡くなっていた。サンタアナは彼女に内縁の妻となることを希望した。しかし、メルチョラの母親がそれを拒否し、正式な婚姻関係を要求した。そこでサンタアナの部下の将校が偽の結婚式のために神父に成り済まし、メルチョラと結婚したという伝説である。これはいわゆる伝承であり、事実性は低いと考えられているので、これに着目する者は少ない。しかしながら、ティンクルが一九五八年の『栄光の13日』という小説のなかでこれを取り上げている(『アラモ2』の原作はティンクルの当該小説である)。[11]さらに古くは、歴史家キャルコットが一九三六年に発表した『サンタアナ』でこの話を扱っており、[12]このキャルコットの言説をそのままシェイナが『サンタアナ』のなかで紹介している。[13]つまり、メルチョラ・バレラとは、エミリー・モーガンのメキシコ人版であり、米国人のすべての視線がサンタアナ批判へ向けられていたことがわかる。戦場で結婚式を挙式したこと、一七歳という未成年の少女好みのロリータ・コンプレックスであったことなどの言説は枚挙にいとまがない。逆に、このメキシコ少女の無知を蔑視する言説もある。事実、サンタアナの最初の妻マリア・イネスは、一四歳の時にサンタアナと結婚している。[14]他方、エミリー・モーガンはつまるところ、米国人主人の所有物で米国人男性に従属しており、非白人のサンタアナには従順ではなかった。その証拠にサンハシントの戦い以降の足取りが摑めないのである。しかし、メルチョラは、同じメキシコ人であるサンタアナに従順で無垢でもあった。そこがエミリーと違っていた。従って、男性への服従のかわりに、その見返りとして生活面の保障が認められたのである。しかも、テキサスというアングロサクソン系が牛耳る地理的空間から、サンタアナは彼女を安全な故郷のベラクルス州都のハラパへ連れて帰り、彼女の人生を保障したといわれている。生涯、子供をもうけることはなかったが、悠々自適の生活を送り、長生きしたと伝えられている。

マックアリスターは、メルチョラをアングロ系白人とメキシコ系との混血という設定にし、彼女の肌の色は限りなく「白」に近かったとする。なぜ、メルチョラのホワイトネスが議論されるかといえば、ファンダンゴの踊りのため、トラヴィスはメルチョラと一時の逢瀬を過ごしたという言説が他方で存在するからだ。メルチョラは男勝りで積極的な女性であったという。しかし、最終的に、情事よりも、トラヴィスは戦うことを選び、結果的に英霊になる道を歩んだのである。

サンアントニオにあるIMAXシアターで今も放映されている『アラモ――自由の価値』（Alamo: The Price of Freedom）に登場するメキシコ系のロシタが、あるテネシー州から来た白人義勇兵とロマンスを繰り広げる。『アラモ2』でも、ダニーとルシアの恋愛として同様の話が展開されている。

ところで、ここにある物語を紹介しておこう。サンタアナの白人女性との恋は実らなかった。それは、メキシコ人男性と米国人女性、換言すれば、非白人男性と白人女性との恋愛や性的関係は成立しないという言説にも読み取れる（逆に、白人男性とメキシコ人女性のロマンスは、映画や小説の世界では事例がみられる）。メキシコ軍中佐のサントス・コルドバは、コンセプシオンのミッションでの戦いで負傷していたところを白人女性（あるいは、テハナ）のルス・バジェスによって助けられて看護された。

やがて元気になったサントスはメキシコに帰還するが、アラモ砦の戦いで再びサンタアナ軍の一員としてテキサスへやってくる。だが、彼女のことを忘れられず、意を決して彼女の家を訪ねる。ちょうどその時、彼女の父親の葬式が執り行なわれており、彼女はたいそう悲嘆に暮れていた。そこで、サントスは自分の正直な気持をルスに告白する。すると、彼女は自分が愛する人はロス・ケンブルというテネシー州出身の若者で、いま、アラモの中にいると告げた。しかし、彼が死ぬ運命にあることをサントスは知っていたので、サントスは農夫の格好をしてアラモ砦の中に入ってロスをみつけ、ルスが病気だと伝えると、ロスはアラモを出た。そして、サントスは彼の代わりにアラモ砦に留まり、そこにサンタアナ軍がやって来て殺されるという物語である。[15]

戦場は男性性の空間である。女性は概して、これに関与しない、否その関与が認められない。そして、女性は男性に服従する存在、従って、関与があっても、それは極めて従属的で間接的なものとなる。他方、戦場は、男性間に強者と弱者の明確な「線引き」を生み出す勝負の環境でもある。つまり、白人男性は生を得て、メキシコ人男性は死を得た。他方、白人女性は白人男性に従属しており、メキシコ人男性が強制的な支配を施さなければ、白人女性はメキシコ人男性に従属しない。しかし、一部の女性には強《したた》かな面があり（女性の男性性）、女性性を兼ね備えているサントスは結果的に、白人女性のルスに従属してしまう。そして、サントスは戦わずに死んだ。まさに死と女性性の両方のレッテルを貼られた最悪な状況で、サントスの物語は終わっている。

# おわりに

映画は文化の一部を構成し、また、人間の思考や感情を映像化したものである。しかし、そこには自然な思考状態というものは概ね働いていない。常に、その人間の置かれた社会的環境や、ある種の「権力」下で、その思考や感情が固定化されることを余儀なくされる。しかも映画は文化的表象に留まらず、その社会的影響を考えると、「文化」の再生産装置として寄与しているといえよう。さらには、これが商業化され、メディア産業振興の一端をなしているのである。

一般に、人は従来、ホワイトネスに支配されてきた。戦時ないし社会的不安定な時期において、ホワイトネスは「暴力」と化すことが少なくなかった。しかし、平時のときも、とりわけ米国のような人種的、エスニック的な多様性を有する国や社会においては、人間の思考や感情は、ホワイトネスと無意識にかかわってきた。サンタアナ、イエロー・ローズ（エミリー・モーガン）、メルチョラ・バレラは、ホワイトネスの論理からすれば、つねに嘲笑や蔑視の対象とされ、他者化されてきた。逆に、それは聾者スミスのホワイトネスを美化している。さらに問題視されなければならないことは、とりわけ戦時におけるホワイトネスに依拠した暴力性により、正常な思考が麻痺し、サンハシントの戦いで勝利した後の平時においても、それがとどまることを知らずに、むしろ激化していったことである。まさに暗黒のテキサス史の幕開けであった。

# 第九章　現代テキサスの表象としての「アラモ」と「カウボーイ」
## ——歴史文化の観光化と政治化

### はじめに

最終章では、アラモ砦事件やテキサス共和国の分離独立の歴史が、現代社会とどのような接点をもっているのか、また、現代のわれわれが、この歴史をいかに理解し認識しているかについて検討したいと思う。アラモ砦は現存する歴史的文化的遺産であるとともに、文化的表象であると考えられる。また、テキサスは「カウボーイ」文化の影響を歴史上、如実に受けてきた。わたしたちは「歴史」を歴史記述だけでなく、これらの歴史的文化的表象と結びつけて理解、認識することが多い。その意味で、現代の「アラモ砦」とその周辺の文化的表象の意義とその変容について検討することは、歴史研究と合わせて重要なことであると考える。

## 一　「カウボーイ」のメタファー

表象《シンボル》とは実体から表徴される一つないし二つ以上の意味を有し、時にはそれが表裏をなす場合がある。さらにこれとは別に、そこからメタファーたるものが派生すると考えられる。例えば、「カウボーイ」という表象について考えるならば、牧夫としてのカウボーイ（実体）から表徴される意味として、荒野を駆け巡る冒険心と正義感に溢れる勇者が考えられる。他方、荒野を駆け巡る異端児、無鉄砲で暴力的な悪漢者の意味がある。また、両方の表徴は表裏をなしている場合も少なくない。さらにこれに纏わるメタファーも複雑化している。例えば、テキサス・レンジャーズは、カウボーイのメタファーになっているといえよう。彼らは「荒野」の秩序を維持するための自警団であり、その行動は悪に立ち向かう正義の味方であり英雄である一方、その戦術や裁断は決して穏やかではなく、時には法を犯してリンチまがいの行動に出ることもあった。その意味で、不法戦士《フィリバスターズ》もテキサスに流入してきた米国人商人、牧牛業者、綿花プランターも、本章の見解ではカウボーイのメタファーであると考えられなくはない。また、カウボーイは男性性のメタファーでもある。身につけている帽子、革靴、ジーンズ、そして「銃」や「縄」すべてが男性性の表象である。すると、その延長線上で考えると、「アラモ砦」に籠城し戦死した者たちも、また「カウボーイ」となるであろう。そして、現在のわれわれは、在サンアントニオのアラモ砦の博物館に足を運び、あるいは、市場に流通しているアラモ砦に関する枚挙にいとまがない著作を通じて、さらに様々なアラモ砦の映画やドキュメンタリー映像をみることにより、現代テキサスにおけるアラモ砦の戦士＝「カウボーイ」を体感するのである。この場合、概して、「カウボーイ」の負の要素は排除され、正の要素だけが強調される。つまり、英雄、自由、民主主義、生と死、勇気、戦い、勝利等のメタファーであり、国家が推進した論理である。また、観光および消費を促進するコマーシャリズムの論理にもなっているのである。従って、暴力、無法者、男根主義などの負の要素を排除することにより、現代版「カウボーイ」が生成されるのである。時として、そのカウボーイおよびカウボーイ文化表象は、非日常化、再魔術化されている。

## 二　テキサスの「荒野」と「野蛮性」

テキサスの荒野および荒野性とは何か。それは、メキシコと国境を接する「辺境」特有の雰囲気が漂う米国のなかの異空間としてのテキサスの存在である。テキサスの荒野は、まさに今日まで続いている米国南西部の表象である「カウボーイ」の舞台として広がっている。メスキートの低木やチャパラル（矮性樫の木のやぶ）と砂漠という、メキシコ北部への地理的連続性が、ヌエセス川とリオグランデの間の地域に展開されているが、これこそが、まさにテキサスの地理的空間を表徴する「荒野性」である。ここを訪れる歴代の探検家や旅行者にとっても、交通手段が充実していない利便の悪い辺境部の旅路は概して過酷なものであった。そして米国（テキサス）とメキシコの両方に跨っている大半の砂漠乾燥地帯や山岳地帯を流れる三〇〇〇キロの大河リオグランデこそ、豊かな水源をわれわれに提供してくれる、荒野のなかのオアシスであった。しかし、そのリオグランデも異名が、「荒々しい河」（Río Bravo）と名付けられているように、「荒野性」を有している。

無論、地理的環境だけをとって荒野性を認定しているわけではない。荒野性は、野蛮性と連動してくるものである。まさに米墨の国境にまたがる辺境地帯は無法地帯であった。その原因はこの地域の複雑な歴史にあった。メキシコ国家の脆弱性は、国家（政府）と辺境部のカウディージョや、より下位のバンディード（山賊、盗賊）との武力紛争、および新参者であるアングロサクソン系白人である米国人を中心とする移民および不法戦士との対立による困難に起因されたものであった。国家の脆弱性は当然のことながら、ナショナリズムの脆弱性に起因するものであった。そして、一九世紀、この問題に対処する大役を買って出たのがサンタアナであった。ここにサンタアナの苦悩がみえてくるのである。アラモ砦事件はこれを最も象徴する一つの歴史的事件である。まさに法や規律、道徳が機能しない「荒野性」がテキサスに拡張されていったのである。メキシコ国家がテキサスを断念し分離独立を許したあと、今度は米国人とメキシコ系反米主義者である悪漢者の対峙する地理的空間と化したのであった。人種や民族間紛争の過程における殺戮が展開された。米国側からの殺戮はテキサス・レンジャーズに代表される。これに対峙するメキシコ側の義賊が辺境地帯に割拠しており、その代表として、コルティナ（Juan Nepomuceno Cortina）、コルテス（Gregorio Cortez）、カリフォルニア地域も含めると、論議を醸しているホアキン・ムリエタ（Juaquín Murieta）まで歴史上多くの義賊が存在している。これらのメキシコ人（系）が、米国政府や白人米国人に対する反撃、抵抗だけでなく、同時に時のメキシコ政府の不正まで批判する、まさに「義賊」であった。このような荒野性は、単に文明人からみた野蛮性に帰するものではない。双方の有する「野蛮性」の衝突の結果であるとみてよいであろう。そして現在に至るテキサスの地理的空間とその歴史性、およびその空間に混在する住民間の社会関係の表徴が、すべての野蛮性や荒野性と関連した、カウボーイニズムの根底にある。では、以下、その歴史的背景を概観しておこう。

## 三　テキサスにおける綿花産業と奴隷制

テキサスに綿花栽培が始まったのは、概してメキシコ政府が米国南部の奴隷所有者であるプランターに入植を認めたときに遡る。ただし、彼らの入植地は、基本的にはテキサス東部、とりわけ、オースティン・コロニーに集中していたので、綿花プランテーションと奴隷制は、テキサス東部から始まったと考えられる。他方、そこから地理的に離れたサンアントニオやテキサス南部、および西部では、メキシコ系住民が集中して居住しており、伝統的な大土地所有制による牧畜業に徹していた。当初彼らは、先の綿花プランターの脅威に怯える必要はさほどなかった。しかし、テキサスの入植が初めて認められた頃、オースティンを代表とする三〇〇世帯ほどの入植団であったが、その後大勢の入植者が殺到するなかで、一〇年足らずでアングロ系人口はメキシコ系を完全に凌駕していた。[1] メキシコ政府はテキサスにおける奴隷制を特別に黙認していたが、従来メキシコ人は奴隷制というものに反感をもっていた。トラヴィスの奴隷ジョーはまさに奴隷制の産物であった。このジョーがメキシコ軍最高司令官サンタアナのことを奴隷解放者であったと信じていたことは有名な伝説となっている。[2]

多くの場合、テキサスの大地では、異なる民族は連帯どころか、「暴力」という形で対立していった。アラモ砦の戦いに対する「報復」が正当化され、それは非戦闘員である民間人にも広まっていった。一八三七年、ビクトリア、サンパトリシオ、ラバイア（ゴリアッド）、レフヒオなどテキサス中央部で、メキシコ系に対する初めての報復攻撃が行なわれた。アングロ系はメキシコ系の家屋、財産、家畜、土地を奪い、あるいは焼き討ちしたのである。一八三九年、テキサス東部のナコドーチスでもメキシコ人の百世帯以上が強制追放させられている。そして、メキシコ人の多い旧都サンアントニオにおいても、一八四〇年から四二年にかけての一連の騒動の渦中、フアン・セギンは、テキサス戦争でテキサス側に味方して活躍し、その後、一八四二年にはサンアントニオ行政長官であったにもかかわらず、身の危険を回避し、最終的にメキシコに逃げなければならない事態に陥ったのである。[3] そして一八五六年までにサンアントニオに住んでいたメキシコ系の多くが町を捨てていったとみられる。一八三七年から四七年、つまり米墨戦争が終結する前年の時点で、サンアントニオの市会議員は、メキシコ系が五七人、非メキシコ系が三一人であったが、米墨戦争後の、一八四八年から五七年においては、メキシコ系が一七人に対し、非メキシコ系が八二人で逆転している。そして、メキシコ系上層の所有していた土地や財産、家畜はアングロ系の手に強制的かつ暴力的に渡っていったといわれている。そして逃亡したメキシコ系は、メキシコに逃げるか、あるいは比較的メキシコ系社会がまだ平和裏に維持されていた、テキサス南部のリオグランデ流域か、テキサス南西部に逃れたのである。[4]

## 四　テキサスにおける牧牛業の発展

他方、米国人プランターがテキサスへ入植してくる以前から、土着のメキシコ系の領主が牧畜業を展開していた。従来、放牧業は、羊を中心に、スペイン人開拓者や聖職者によって営まれてきた。やがて、この牧畜文化は先住民文化のなかに浸透していったのである。一九世紀に入り、メキシコおよび米国の支配が強化され、次第にこのような牧夫の存続が厳しくなっていったが、尚も放牧業は重要な生活基盤であった。無論、先住民だけでなく、アングロ系やメキシコ系にとっても生業であったことに変わりなかった。一六世紀末において二、三百頭であった羊が、一八世紀半ばには三〇〇万頭までに増えていた。馬は一七世紀初頭以降、ニューメキシコからグレートプレーンズに拡張してきたが、二〇〇万頭ほどいたという。

　ところが、牧牛業の導入は、その後のテキサスの発展に大きく寄与した。牧牛業の始まりは、羊や馬に比べると遅かったが、一八世紀末にフランシスコ会修道士が数百頭の牛を導入したといわれている。その牛が、一九世紀初頭において、テキサスとカリフォルニアを合わると、少なくとも一〇万頭いたといわれている。一九世紀の半ばまでに、牛はテキサスでは三〇〇万頭、カリフォルニアでは一〇〇万頭に増えていた。一八三五年の段階で、牧畜業に従事していた入植者は、カリフォルニア一万四〇〇〇人、テキサス四万人、ニューメキシコ七万人であった。[5]

　ここで重要なことは、メキシコ系の牧場主は大土地所有制のもとで、概して自給自足的、ないしはローカルな市場を視座に入れた農場経営をしていたことである。換言すれば、メキシコ系は土地から享受しうる伝統的かつ限定的な富、つまり、自給自足に近い萌芽的な資本主義農業形態、ひいてはローカルな通商から得られる、「限定された」利益の獲得に徹していたのである。従って、遠方にある市場は最初から眼中になかった。例外的に、一七八〇年代初め頃からすでにラバイアやサンアントニオの牛がニューオーリンズに輸出されていたという事実があるが、それは獣皮の輸出であった。食肉に関しては、専ら腐敗を避けるためにローカル市場に委ねられたのである。

そこで、アングロ系が当初牧牛業に直接かかわることは少なかったが、通商に特化する商人となった。彼らはメキシコ北部との通商における利得に関心があったのである。この意味において、この時点では、基本的に、輸出業に特化するアングロ系と、ローカルな大土地所有による牧牛業に従事するメキシコ系の利害関係はさほど衝突することはなかったのである。[6]

## 五　テキサスにおけるアングロ系の優位

米墨戦争終結後、テキサス中央部を中心に、南北戦争勃発までの過渡期において、メキシコ系は低賃金労働者として次第に労働市場に組み込まれていった。彼らはテキサス東部や中央部を中心に展開されていた綿花プランテーションにおける黒人奴隷同様の待遇を拒否した。そこで多くは運搬業に携わる道を選択した。一八五〇年代頃、テキサスを旅行していたオルムステッド（Frederick L. Olmsted）によると、およそ六割のメキシコ系は運搬業に従事していた。[7]そこである事件が起こった。一八五七年の夏と秋に、サンアントニオとゴリアッド間の運搬に従事していたメキシコ系七五人が道中で虐殺されたのである。これにより、重要な交易路であったサンアントニオと、東部の綿花栽培地やメキシコ湾沿岸の港（ガルベストンやコーパスクリスティ）との間の運搬に従事していたメキシコ系の多くが離職していったとされる。当時のメキシコ系有力者でテキサス独立戦争期にセギンと同様、テキサス側に立ってメキシコ軍と戦った、ホセ・アントニオ・ナバロは、次のように述べている。

まさに自らの正義と優越性を自慢する国民によって、サンアントニオで存続しているわずかな末裔が行方を晦まし、または殺されている。（中略）合法的な所有者であるにもかかわらず、その土地以外に生活や希望まで失ったこの人民に対し、どうか多大な配慮をもって、神のご加護をいただけるように、この歴史的記録が無意味にならぬことを、ただ願うばかりである。これは平和と豊饒のなかで、現在土地を享受している人間たちの行ないの軌跡を辿るためである。[8]

逆に、アングロ系プランターの立場に立つと、メキシコ系による反撃に対してはそれほど危険視していなかったが、彼らが奴隷の解放において暗躍しているのではないかという懸念があった。例えば、メキシコ人は奴隷をメキシコまで連れていき、メキシコの地で自由に解放しようとしているのではないかと考えられていた。そこで、一八五四年、九つの郡から選出された評議員がテキサスのゴンサレスに一堂に集って会議が開かれ、その結果、メキシコ系の追放が決定されている。こうして一八五三年から五七年にかけて、オースティン、セギン（シギン）、ウバルデ、マタゴルダ郡、コロラド郡などのテキサス中央部で、それまで住んでいたメキシコ系に対する強制退去命令が出された。この時に対象になったのがペオンと呼ばれたメキシコ系の隷属労働者で、彼らは、綿花プランテーション農場に導入されていた黒人奴隷と結託して暴動を起こす機会を窺っているとみられていた。マタゴルダ郡ではメキシコ系退去とその理由が公表されたが、①メキシコ系は放浪生活をし、プランテーションの周りをうろついており危険であること、②黒人奴隷の少女を結婚の対象にするという異常性を有すること（ネグロとの性的交渉も含まれている）、③窃盗罪に相当する、馬や奴隷の少女に対する盗難の抑止効果を検討する、などをあげた。ビクトリアではスパイの可能性のあるメキシコ系の投獄、町に入るための許可書申請と二四時間以内の退去が求められた[9]。

南北戦争以降の一八六六年頃から、綿花に匹敵するほど、牧牛業の発展をみる。この背景に、移動型の牧畜業に関心をもつアングロ系経営者の出現があった。彼らはテキサス東部や中央部から次第に支配領域を南部へ拡張した。

先にも述べたように、スペインやメキシコの伝統として牧畜業の歴史は古くからあったが、主としてそれは羊や馬であった。牛が皆無ではなかったが、それがスペイン人によりテキサスに導入されたのは、一八世紀後半にフランシスコ修道士が最初であったとされる[10]。ジョーダンによると、一八三〇年代後半には、テキサス東部で移動型の牧牛業者が登場し、ニューオーリンズまで牛が運ばれていた、とされる。一八四〇年代半ばには、その通商路は、ミズーリ州セントルイスやオハイオ州にまで達していた。テキサス牛とは長い角が特徴的であるテキサス・ロングホーン種のことである。ロングホーンは元来メキシコ起源とされており、その後テキサスで米国南部の他種牛との交配で繁殖したといわれている。ロングホーンは当時から食用に利用されていた[11]。

南北戦争以降、シカゴ食肉産業が発展したことにより、テキサス・ロングホーンの需要と価格の上昇が起こった。当時、テキサスでは、まだ鉄道が開通していなかったため（サンアントニオに鉄道が開通するのは一八七五年のこと、七五年から八三年にかけてメキシコとの国境イーグルパス、ラレド、エルパソまで拡張された）、カンザス州アビリン（Abiline）の鉄道駅まで、テキサス南部からテキサス・ロングホーンを移動させる業者が必要とされたが、その多くはアングロ系の会社が請け負った。移動放牧の経路の代表としてチザム交易路があったが、その宿場町の一つがサンアントニオであり、観光施設や酒場などが急激に栄えた。一八六六年から八〇年までの一五年間で、四〇〇万頭のロングホーンがカンザス州アビリンに輸出された。[12] この時に移動型の「旅」に参加したのが、いわゆる「カウボーイ」であった。つまり、メキシコ的なバケロ（vaqueros）がローカルであるならば、カウボーイはまさにグローカルな存在であった。道中、自己とロングホーン牛の安全を守るため、入念な配慮と的確な判断、および敵から守るための護身術をもち合わせた人物でなければならなかった。加えて、野宿での自炊能力（自己の食料だけでなく、家畜用のものも含む）、および商品であるロングホーンの健康管理能力が求められたのである。例えば、およそ八三二キロあったチザム交易路を日に四〇キロ進むのか、あるいは二四キロ進むのかは、すべて牛の重量にかかわってくるために、カウボーイの的確な判断が必要とされた。[13] こうして、アングロ系は移動型放牧業や輸出業に乗り出したが、常に危険と隣り合わせという厳しい環境にあったため、カウボーイに新参のメキシコ系を導入しなければならなかった。いわゆるメキシコ系「カウボーイ」の誕生である。三万五〇〇〇人いたとされるカウボーイの三分の一がメキシコ系か黒人であったが、奴隷解放後の黒人は経営者にとって扱いづらく、多くはメキシコ系に依存したといわれる。[14]

加えて、南北戦争以降、テキサス南部でも放牧業に従事するメキシコ系大土地所有者に、危険がおよびつつあった。土地や牛の獲得に固執する悪徳な営利主義的アングロ系の出現によるものであった。

従来、メキシコ系富裕層が保持していた牧畜業や土地を、時に法の力を悪用し、あるいは恐喝まがいの手口により、メキシコ系富裕層から、強引に農場を奪うアングロ系が出現したのである。このように、テキサス辺境部はまさに無法地帯となりつつあった。そして、そこでは、無法者のアングロ系「カウボーイ」が支配していたのである。

一八七〇年から八〇年代にかけて、土地の囲い込み運動が起こると同時に、土地と家畜をめぐってアングロ系とメキシコ系が対立した。七〇年前半、食肉の価格が下落したことを受けて、獣皮の値段が上昇したため、焼印のない牛を収奪する窃盗事件が頻繁に起こった。アングロ系の無法者が、メキシコ系所有の農場を襲撃して暴力的に奪うことは珍しいことではなかった（第二次コルティナ戦争、皮革戦争）。第二次コルティナ戦争自体は一八七六年末までにテキサス・レンジャーズによって一応の解決をみた。しかし、同時に、一八七五年からの一〇年間は、牧牛業の最盛期が到来したが、テキサス南部のメキシコ系大農園主の没落を意味していた。土地を失ったメキシコ系は、テキサス西部に逃れるか、あるいはアングロ系牧場経営者の下で働くかの選択を迫られたのである。南部のキング牧場やケネディ牧場は、獣脂の輸出を独占する代表的なアングロ系大農場として繁栄していった[15]。獣脂は蝋燭用として、近い将来それが石油に移行するまでのテキサスの経済的繁栄に大きく寄与した。このように、メキシコ系がアングロ系経営者に従属する形でテキサスの産業発展に貢献していったのである。このことは逆に、米国労働市場におけるメキシコ系やその他のマイノリティの重要性を、確固たるものにしたのであった。

## 六　テキサス史におけるサンアントニオ

以上みてきたように、テキサスの分離独立以降、無法地帯が広がるカウボーイの世界が展開されていたことがわかった。しかし、ここでわれわれは、もう一つ別の、オアシス的なテキサスを無視できない。その原型はサンアントニオにある。

一八世紀初めにはすでに現在のサンアントニオの前身であるサンアントニオ・デ・ベハルが誕生していた。そして比較的短期間でスペイン領テキサスの都としての頭角を現した。それは、サンアントニオが、概して夏の灼熱の太陽が照り続けるテキサスの大地のなかのオアシス、つまり定住に適した「水の都」として当時から注目されていたからである。このような当時から存在していた牧歌的な草原と豊かな水源に加えて、現テキサスの州花である青色のルピナスの花（ブルーボーネット）やロングホーン牛などが、テキサスをイメージする代表的なシンボル（象徴）となっている。サンアントニオは「水の都」としてテキサスにプラスのイメージを飾るものとして発展してきた。サンアントニオ川が注ぐ町の景観は人々にこよなく愛されてきた。一七一六年、ドミンゴ・ラモン隊長（Domingo Ramón）とその部下が辺境を探検していたとき、偶然にも現在のサンアントニオ付近に辿り着いた。一七一六年五月一四日付の彼の日誌に、次のように綴られている。

川床の水が乾ききっていた二つの支流を渡ると、やがて豊かな水源を発見した。そしてこれをサンペドロと名づけた（筆者註─現在サンアントニオ市内をサンアントニオ川が縦断しているが、同市の西部にその支流であるサンペドロ川が流れている）。そこからさらに川の流れにそって歩くと、サンアントニオ川に到達した。同川岸にはペカン（現テキサス州の州木）、ブドウ、ヤナギ、ニレ科の木々などが植わっていた。彼らは川上に、素晴らしい牧草地と美しい木々を発見し、その木陰を選んでテントを張った。そこには九フィート（約二・七メートル）ほどの麻と二フィート（約六一センチ）ほどの亜麻が植わっていた。また、みんなに行き渡るほど十分な魚が捕れ、この川では網釣りが簡単にできた。この素晴らしい水源と肥沃な大地は農業の発展とそこで暮らす人々の生活を保証するものであろう[16]。

一九世紀の半ばにサンアントニオを訪れたオルムステッドは、「われわれはつい立ち止まって川をじっくりみた。その美しさに魅了されたからである。川は実に水色でガラスのようにきれいだった。その流れは速いが、川音はまったくなく、川底の石ころがみえ、川岸には葦が生えている。だから丸太でできた釣り橋に何時間も寄り添って川の流れをみていることもできそうだ」と述べている。

しかし、このような環境は二〇世紀初頭にもなると、水質汚濁で苦悩する都市と化す。サンアントニオ川にはゴミやガラクタが浮かび、生活排水で悪臭を放つまでになり、衛生上の問題を抱えていた。一九一〇年には、サンアントニオは、一〇数万の人口を有する都市に発展していた。しかし、そのようなサンアントニオが現在全米第八位の人口を誇る大都市に成長し、かつ、優れた観光都市へと発展を遂げることができたのは、おそらく一九二〇年代後半から進められてきた都市計画による、着実な開発があったからだといわねばならないであろう。途中、一九二九年の世界大恐慌の影響で中断された時期があったが、一九三九年のWPA（米事業企画庁、一九四三年解散）の資金等で初期の工事である「運河」と、その五二〇〇メートルにもおよぶリバーウォーク（川の側道）が完成し、一九四六年以降、これらが次第に観光事業を支えるインフラとして脚光を浴びてきた。

**サンアントニオ市内のリバーウォーク**　撮影：牛島 万

その一〇年後、第二期工事が完了する。さらに、一九六八年に大きな転換期を迎える。それは同年、サンアントニオでエキスポが開催されたのである。ちなみに大阪万博（一九七〇）がその次の会場となった。サンアントニオ万博のシンボルとして、「アメリカスの文明の合流」の象徴として建設されたのが、アメリカズ・タワー（Tower of the Americas）であった。ここは現在でもサンアントニオを一望できる市内で最高層のタワーである。そして万博開催を記念し、リバーウォークはこの地点まで拡張された。その他、ヘンリー・B・ゴンザレス・コンベンションセンター（一九六八年）や劇場にまでリバーウォークは拡張された。サンアントニオ初の大型ホテルチェーンであるヒルトンが、ヒルトン・パラシオ・デル・リオ（Hilton Palacio del Río）をこのリバーウォーク沿いに建てたが、このホテルはリバーウォークと直結した高級ホテルの先駆けとなった。その後、同様にリバーウォーク沿いに、ハイヤット・レジェンシー（Hyatt Regency, 1979）、マリオット・リバーウォーク（Mariott Riverwalk, 1979）、マリオット・リバーセンター（Mariott Rivercenter, 1988）と、ホテル建設のブームは続いた。マリオット・リバーセンター・ホテルは三八階建て（一六六メートル）のタワーホテルで、近くには一九八八年に誕生したリバーセンター・モール（Rivercenter Mall）や先のコンベンションセンターがある。ここはリバーウォークを走る遊覧船の終着地でもある。

このように、一九六〇年代頃からサンアントニオの観光が徐々に国内外にアピールされてきたが、その背景に、サンアントニオ川周辺の丹念な都市計画があった。その意味で、サンアントニオ川は極めて重要な観光開発の鍵を握っていた。つまり、サンアントニオは町の景観づくりにリバーウォークを建設しただけでなく、サンアントニオ川沿いに散在していた歴史的文化財――アラモ砦とサンホセ・ミッション等のオールド・スパニッシュ期の建造物――を、すべて「博物館」化し、まさにサンアントニオの歴史的観光名所として大々的にアピールしてきたからである。そして宿泊施設以外に、ショッピングモールやその他の飲食、娯楽施設まで、リバーウォーク周辺地域に展開してきた。まさに消費者（旅行者）のニーズに対応する「観光」の極限を目指してきたのである。古き良き旧スペイン文化や歴史を基盤に、それが資本主義的に商業展開されるなか、特定の旅行者だけではなく、米国人をはじめとする世界各国の旅行者、観光客を集客することに成功した事例であった。

二〇一一年、リバーウォーク拡張による画期的な展開が図られる。従来バスツアーの対象となっていた、近郊に点在する歴史的建造物である、コンセプシオン、サンホセ、サンフアン・カピストラノ、エスパルダの四つのミッションは、ほぼすべてがサンアントニオ川沿いにあり、ミッションの最南端にあるエスパダ伝道所までのリバーウォークが整備、拡張されたのである。この全長一二・八キロメートルにわたるMission Reach、あるいはミッション・トレイルは、バス以外に、リバーウォーク添いの街道をハイキング、自転車、あるいはカヌーで行くことができ、史跡めぐりと同時に、まさにエコツーリズムが満喫できる空間を「売り」としている。

サンアントニオは、旧スペイン期やメキシコ文化が商業化された、独自の観光文化を生み出している。無論、テキサスのすべてを物語っているわけではない。ヒューストン、ダラス、あるいは州都オースティンとは異なる、独自の雰囲気を大事にしている、いわゆる「観光」都市である。例えば、メキシコとの国境近くの辺境にあるテキサス州ラレドも、メキシコ文化が色濃く漂った都市であるが、サンアントニオは、これとは異なる、商業化、観光化されたラテン文化圏というべきであろうか。そもそも、よそ者がその文化に触れるには、多かれ少なかれ、「観光」という媒体を介さなければならない。

## 七　現代カウボーイの表象とその再生産

テキサスの綿花と牧牛業は今日でも健在である。二〇世紀の産業革命である、石油産業と宇宙開発、あるいはハイテクノロジー分野への進出が、テキサスの場合、際立っているが、それは決して農業経済の繁栄を否定するものではない。その意味で、テキサス大学オースティン校のマスコットとして、またフォートワース市の公式シンボルとして、テキサス・ロングホーンが使用され、あるいはテキサス人がロングホーンのまさに角の形の手をしてポーズを決めるのも、これまでの歴史的考察により、一定の理解が可能である。

テキサスの文化的表象は、ロングホーンとこれを操るカウボーイである。カウボーイは文字通り牧夫である。すでにみたように、アングロサクソン系は牛の移動や輸送業に従事していたが、やがてその牧牛業を支配していく。そしてアングロサクソン系主導の下にメキシコ系が組み込まれる過程で、バケロ（Vaqueros）と呼ばれるメキシコ系牧夫は「カウボーイ」になった。しかし、カウボーイという表象は、その後アングロサクソン系が社会の支配層に変貌する過程で、カウボーイ＝白人男性という構図へ変容していった。つまり、白人男性の優位性は、社会の勝利者を意味し、また暗闇に潜む野蛮人であるメキシコ人と戦い、それを排除して社会の平定を確立する立場となった。その意味で、アラモ砦で英霊となったトラヴィス、ボウイ、クロケットたちもまたカウボーイの原型であった。独立の自由、正義の追求、そして米国への忠誠のために尽力した勇士であった。その後、これらの戦士はテキサス・レンジャーズの原型となった。まさにカウボーイ・スタイルの自警団であった。彼らは治安を維持し、社会の法や規範を守ることに力を注いだ。ここでも攻撃の対象はメキシコ人であった。これはまさに今日的状況に通じている。そしてカウボーイのメタファーは、正義、自由、英雄であり、野蛮で無法のメキシコ人を他者化、排除化の対象とみなした。加えて、カウボーイには、護身用の銃使用が正当化され、これが現代社会においても深刻な問題と化している。すべては歴史の勝利者である米国白人優位の論理によるものであり、これが米国国家の強国の論理として罷《まか》り通っているのであ

**アラモ砦の外壁**　撮影：牛島万

**シュメルツァー社が所有していた頃のアラモ**
**(アラモ砦奥の2階建てがシュメルツァー社所有の建物)**

出所：Richard R. Flores, *Remembering the Alamo: Memory, Modernity, & the Master Symbol*, Austin, University of Texas Press, 2002, p. 46.

る。カウボーイ、およびカウボーイズムは、それを少なからず表象するものである。とりわけ、今日的状況において、その暴力性を有するカウボーイズムは、より顕著になってきており、社会不安が高まっている。

カウボーイにしても、アラモ砦にしても、現在われわれが目にすることのできる歴史的文化的表象は、当時の歴史とわれわれを接合する、「脱魔術化された」接点である。それは「魔術化」された当時の実体ではない。歴史記述によりわれわれは過去の時代のことを知り得ることができるが、このような文化的表象のおかげで、その空間に立つことができ、また、歴史の臨場感を体感できるという利点がある。これにより、一八〇年前にここで起こった出来事を回想し、改めて自由のために戦死した英霊たちを称え、同時に現代を生きる米国市民として、とりわけ米国国家との関係、換言すれば、どれだけ国家に忠誠を誓っているのか、米国民としてのナショナル・アイデンティティを再生する場所ともなっている。その意味で、現代におけるアラモ砦は、単純に脱魔術化の産物ではなく、別の「魔術化」を生むもの、つまり「再魔術化」の産物となっている。

この場合、文化的表象は米国国家の論理、アングロサクソン系白人の論理、あるいは強者としての男性性の論理として解釈される。そして、解釈上不都合な表徴は最初から除去されている。つまり、女性性、異文化・異民族性は排除されているのである。歴史記述と文化的表象は、必ずしも同一のものではない。しかもその表象は、意図的に後世修復された可能性が高い。アラモ砦はその最たる例である。アラモ砦は一八〇年前と同一ではない。一八〇年前の建物は、サンタアナの襲撃を受けてほとんど崩壊したはずである。しかも、その後、しばらくアラモ砦はそのまま放置されていた。

サンアントニオはアラモ砦事件の舞台となった地であるが、当初から英霊を祀り米国の独立と自由を称える場所として機能していたわけではなかった。むしろ、アラモ砦事件の記憶は風化されつつあった。[17] 米墨戦争終結後の一八四九年、アラモは米国政府により修復され、南北戦争後、食糧倉庫として使われていた。やがて、修道院の部分は一八七七年にグレネー（Honoré Grenet）の個人所有となった。ところが、彼の死去をさかいに売却され、一八八三年にテキサス州に所有権が移動し、サンアントニオ市の管轄となった。しかし、一八九〇年代にはヒューゴ・シュメルツァー社（Hugo-Schmeltzer）がアラモの一部を所有していたが、地元の愛国団体である「テキサス共和国の娘たち」（DRT）がすでに活動を始めていた。その中心人物が、アドリアナ・デ・サバラ（Adriana de Zavala）であった。彼女は同団体を代表してアラモ砦の管理権を求めて、ヒューゴ・シュメルツァー社と協議を重ねてきた。しかし、このための膨大な活動資金を調達して来なければならず、その資金を工面するため、大富豪の娘クララ・ドリスコル（Clara Driscoll）の資金援助が不可欠であった。こうして一九〇五年、アラモ砦は六五〇〇〇ドルでテキサス州政府が購入し、管理権をDRTに与えた。

しかし、その後、DRTの組織内において、アドリアナ・デ・サバラ派とクララ・ドリスコル派との間で対立が起こった。その背景には資金面でクララ・ドリスコルの貢献が高かったからである。[18] テキサス大学オースティン校のフロレス教授は、資金面に加えて、その時代的背景として、当時とりわけ高揚していたメキシコ系に対する人種差別が、当該問題に何らかの影響を与えていたという可能性を示唆している。[19]

最終的に一九一二年までに、デ・サバラはDRTを除名されたが、その後、彼女は別の組織を設立し、自らの信念を追求していった。両者の最大の議論となった案件は、アラモ一帯の将来的な整備計画を巡ってであった。デ・サバラは歴史に対して学者並みの博学さと愛国心をもって、アラモを当時の状況にできるだけ忠実に修復することを希望していた。従って、修復後のアラモが屋根つきの「ミッション」である必要はなく、当時から屋根のない壁面であったことを指摘する。またその横の壁は二階建てほどの高さがあり、ヒューゴ・シュメルツァー社の建物はその壁を利用して作られていたので、同建物の解体、撤去に反対した。これに対し、ドリスコルは、ヒューゴ・シュメルツァー社の建物を含め、壁を全面的に解体し、まず歴史的記念物とすべく、アラモを「チャペル」として復元しなければならないとした。さらに、アラモ砦周辺に記念公園を設立することを立案した。デ・サバラのような歴史に忠実な人にとって、先の計画案にもとづくアラモは、英霊やテキサスの独立・自由のための礼拝堂に匹敵するものとはならないと考えていた。従って、ドリスコルのような商業主義的な考え方には賛成できなかったのであろう。詳細を省くが、最終的に、市当局は折衷策を講じ、ヒューゴ・シュメルツァー社の建物は壁を除いてすべて撤去し、その後、二階ほどの高さのある壁を低層化した。結果的に、ドリスコルの計画が大幅に受け入れられ、アラモの観光化、博物館化、ひいてはサンアントニオの観光化に寄与していったのである。ところが、二〇一一年九月、一大事件が起こる。テキサス州はそれまで一〇〇年以上続いてきたDRTとの契約を更新せず、テキサス州の機関であるテキサス公有地局（Texas General Land Office）にアラモの管理権が委ねられたのである。

他方、アラモ砦の他に、サンアントニオ周辺の幾つかのミッション（コンセプシン、サンホセ、サンフランシスコ・デ・ラ・エスパダ等）もまた、歴史的建造物として歴史的な表象になっている。アラモを除いた残りのミッションは、一九八三年以来、国定歴史公園に認定されている。その甲斐もあってか、サンアントニオからこれらのミッションを巡る歴史街道のツアーが人気となっている。しかし、この「歴史」も観光化された一種の再魔術化の事例である。アラモ砦を含めてサンアントニオ全体が歴史的文化的表象を観光化することで商品化している。そのためにサンアントニオはもともと水源の豊かな町であったが、現在のように町全体がまるで「運河」の町に変貌したのには、人力と資本が加わっている。換言すれば、米国のコマーシャリズムやツーリズムの発展と歴史的文化的表象が極めて密接な関係にあったといえよう。また歴史記述や文化的表象はメディア産業と結びつき、数多くのアラモ映画が作られ、また同テーマに関する書物も出版された。

現在の博物館化（再魔術化）されたアラモ砦、並びにリバーサイドセンター内にあるIMAXシアターで上映されているショートムービー『アラモ――自由の価値』（一九八八）は、アラモ砦の英霊たちを「自由」や「民主主義」の擁護者として称えることで、そこを訪れる旅行者、観光客を洗脳している。これがまさに「観光化」である。歴史上みられたこれに逆行する悪徳で荒々しい、もう一方のカウボーイ像を事実上制している。そして、その者たちの出版物や映像媒体が「消費文化」として世の中に氾濫しているのである。

つまり、歴史的表象はいわゆる国家の男性性、強力な国家とそれを支える国民の意識を再生産させる空間であった。そしてこれは同時に、他方で、人間の享楽と結びつき、観光業や文化的表層の商品化、あるいはメディア・出版産業に寄与してきた。そして最終的に「享楽」の商品化、コマーシャリズムにより、経済的発展は究極的には国家の男性性に還元されるしくみになっており、まさにテキサス発の米国の「帝国化」という再魔術化に貢献しているのである。

## おわりに

テキサスといえば、カウボーイやロングホーンをイメージすることが多い。さらにテキサスには歴史的文化表象が多く残っている。とりわけ、そのような文化的表象である歴史的記念碑や建物は現在と過去を結びつけるものとして作用すると同時に、それが観光化（非日常化、再魔術化）され、今日の旅行観光業の発展に寄与している。また映画や小説などのメディア媒体化の発展により、観光業との相乗効果を生んでいる。その意味で、水の都、運河の町として、あるいはアラモ砦とオールド・スパニッシュ期のミッションなどの歴史的文化材（文化的表象）を有する都市として、サンアントニオは複雑な様相を呈している。とりわけアラモ砦で戦いに敗れた戦士たちはカウボーイやテキサス・レンジャーズというまさに男性性、正義の英雄《ヒーロー》、民主主義や自由の擁護者など、多様なメタファーをわれわれに想起させる。かつてデイビッド・クロケットを題材にディズニー映画が描いたヒーロー物語は、子供から大人まで絶大な支持を得た。怪傑ゾロも然りだが、米国でヒーローものが娯楽化され社会的に浸透していく背景には、国家の歴史形成の男性性、換言すれば、いわゆる男根主義の美化という国家的社会的要請と極めて関連しているのである。

さらに画期的なことが起こった。九年越しの推進活動の結果、二〇一五年七月五日、アラモを含めた五つのミッションが「サンアントニオ・ミッション」として世界遺産に登録されたのである。

この背景には観光業の推進と政治的戦略の両方がみて取れる。本来、国定歴史公園に認定されていなかったアラモ砦を、サンアントニオ川の流域にある「サンアントニオ・ミッション」として統合することで、歴史的文化財の「普遍的価値」を前面に出して世界遺産の登録に至ったと推察される。この場合、アラモ砦の歴史性のなかにある戦争や戦場の痕跡の表象をその価値として露呈することはできない。しかし、アラモ砦を訪れる誰しもが、その歴史性、ひいては政治性を肌で感じ取っているのである。

# あとがき

以上みてみたように、アラモ砦事件は、その後のサンハシントでの勝利、さらにテキサスの独立に転換する歴史的事件であったことがわかる。また同事件は、米国とメキシコの間での国家間紛争である米墨戦争の遠因になり、その意味で、米国の領土拡張政策の序幕たる事件でもあった。無論、まだ米国国家は表面上中立を保っており、実際に戦っていたのはメキシコ国家に対抗する、いわゆる「米国人」が主体であったことには変わりない。

筆者は米墨戦争に関する研究をこれまで意欲的に進めてきたが、そこから感得されるイメージとして、一般に米国人においても米墨戦争の一連の戦いのなかにアラモ砦事件が含まれていると考える者は少なくない。だが、明らかに米墨戦争はアラモ砦事件の一〇年後に勃発し、一年一〇ヶ月にわたって行なわれたメキシコを舞台とする別の戦争で、国家間紛争に相当するものである。ただし、後世の著作や映画などによりアラモ砦事件がわれわれに与える印象があまりにも大きいため、そのような混同を惹起してしまうのかもしれない。

それでは、どうして後世、アラモ砦はこれほどまで取り上げられるようになったのであろうか。その理由を考えるときに、やはり米墨戦争と対比せざるをえない。戦争という点では犠牲者の人数、規模は別として、人の血が流れていることに違いはない。国家の発展を目的とする領土の拡張に努めなければならなかったという大義名分のもと、米国はテキサス、ニューメキシコ、カリフォルニアへと侵攻し、当時のメキシコ領への「侵略」という世界中の批判を受けながらも、自らの国家理想のためにメキシコ征服の道を粛々と進めていった。従って、当時から米国国内に反戦派はいたが、マニフェスト・デスティニーという大義名分がまさに宗教的要素も絡み、これを制止できなかった。そのため、強引な手段でメキシコとの戦争を推進していることを誰よりも米国人が認識していたのである。マニフェスト・デスティニーを前面に押し出し進めてきた国家の構想計画《グランド・デザイン》の成功のために、米国、メキシコともに多くの、とりわけ下級兵士の犠牲をみることになる。しかし、このことが歴史記述のうえで焦点が当てられ詳細に著されたとしても、犠牲者の死は文字通り生命が尽きることを意味するだけで、そこには戦争の「負」の部分に対する悲しみや憐みの気持ちしか起こらない。

　にもかかわらず、アラモ砦事件には同時期のゴリアッド事件、サンハシントの戦いなど、その他のテキサス独立戦争の過程で起こった戦いのなかでも特異な存在として描写される要素があった。第一は、アラモ砦に籠城して死んだ人間の多くは米国人を中心とする義勇兵や民間人であったことである。第二は、比較的早い段階で死を覚悟しながらも、一三日間籠城を続けたことである。そして後世の語りの影響もあり、彼らは「独立」と「自由」をメキシコ政府に要求しつつ、その代償として自らの生命を捧げたことになっているからである。捧げた相手はすでにこの時点で米国であったかもしれない。彼らのうち何人かはディキンソンのように、あるいはエスパルサのように、妻や子供も砦に立て籠っていた。彼らの絆であるはずの「家族」は、まさに先に述べた公領域である国家と臣民の関係をめぐる、いわゆる「政治」の犠牲になったこと、また犠牲者はそれを事前に了解していたという事実であった。しかしながら、第三に、彼らの境涯を個々に追跡すると、それぞれに私的な問題を抱えており、それから逃れるようにしてテキサスの大地へ来た、という個人史的側面を有したことは明らかであり、いったいどこまでが真の「政治」志向であったかは疑わしい。このような謎めいたものが契機となり、かえって神話や伝説の誕生へ帰着していったのである。換言すれば、アラモ砦に関して政治史的背景を重視するか、あるいは個人史的に捉えるかは難題であるが、両者の相克や融合をみることによって、アラモ砦事件が単なる歴史的事件に留まらなかったことが理解されよう。この意味で、後世の人々がいろいろな観点からアラモ砦と接点をもつに至ったのは示唆に富む。とりわけ小説や映画の世界では、さらなる独自のアラモ的世界観が形成され、小説では、ロン・ティンクルの『栄光の13日』*13 Days to Glory*（一九五八）、スティーブン・ハリガン『アラモの扉』*Gates of the Alamo*（二〇〇一）、あるいは「男装」するメキシコ系女性の視点から描いたエマ・ペレス『アラモ、血の記憶の忘却』*Forgetting the Alamo, or, Blood Memory*（二〇〇九）、そして子供向けに書かれ、メキシコ少年兵の立場からみたアラモ砦事件を描写したシェリー・ガーランド『アラモ砦の影で』*In the Shadow of the Alamo* など、枚挙にいとまがない。

映画においても同様である。『アラモの殉教者』（一九一五）以降、一九六〇年以前において、『デイビー・クロケットとアラモの陥落』*David Crockett at the Fall of the Alamo*（一九二六）、『アラモのヒーロー』*Heroes of the Alamo*（一九三七）、『アラモから来た男』*The Man from the Alamo*（一九五三）、『デイビー・クロケット、西部の王者』*David Crockett: King of the Wild Frontier*（一九五五）、『ラスト・コマンド』*The Last Command*（一九五五）が製作された。この時期、ヒーローものが流行っていたが、なかでもデイビー・クロケットにその人気は集まっていたのがわかる。先の映画はディズニーが製作し、いわゆるディズニー映画が創造したクロケット英雄伝と評されており、一九五五年にはテレビドラマとしても放映された。『ラスト・コマンド』とジョン・ウェインの『アラモ』（一九六〇）には少なからぬ因縁がある。ジョン・ウェインは娯楽映画としてではなく、彼の政治的理念から社会正義に対する追求という意味もあって『アラモ』を製作したといわれているが、その切実な思いは彼のリパブリック・スタジオ社所属の頃からの夢であった。だが、その後、製作費等の面で決裂した結果、ジョン・ウェインは独立して自分のプロダクションを作り、この映画を手掛けた。他方、『ラスト・コマンド』はリパブリック・スタジオ社により製作され、ジョン・ウェインの作品よりは低コストであるが、どことなく話の内容が似ている。『賞金荒し』（一九九〇）などを代表作とするハード・アクション作家の菊地秀行氏は、「『アラモ』の籠城側には、最後まで悲壮感が感じられないし、単発ライフルなのに弾込めのシーンがあまりないのと、取っ換え引っ換えライフルを射つシーンもないので、まるで普通の連発銃での射ち合いを観ている気分だったが、こちら（『ラスト・コマンド』）はメキシコ軍の総攻撃を待つ砦側の恐怖と緊張の表情を一カット出しただけで、『アラモ』よりもリアルな印象になった」と述べている（逢坂剛、川本三郎、菊地秀行他『西部劇への招待』、ＰＨＰエル新書、一三七頁）。ジョン・ウェインの『アラモ』以降、バード・ケネディ監督『アラモ

2』*The Alamo: Thirteen Days to Glory*（一九八七）、ジョン・リー・ハンコック監督『アラモ』*The Alamo*（二〇〇四）があるのみで、テレビ番組用に製作されたものを加えると、ヒューストンを扱った『テキサスに行く』*Gone to Texas*（一九八六）、『トラヴィス』*Travis*（一九九一）が製作されている。二〇〇四年製作の『アラモ』以外、ここであげた映画（TV映画を含む）はすべてジョン・ウェインの『アラモ』の時に製作されたセットが使用されたことは看過できない。現在、このセットはテキサス州ブラケットビルにある「アラモ村」Alamo Villageとして生まれ変わり、テキサス観光の新たな名所の一つになっている。このことから二つのことがいえよう。一つは、ジョン・ウェインは映画に莫大な投資をしていたという事実である。その規模の大きさは半端でなかった。もう一つは、「本当の」アラモ砦は歴史とともに神聖化されていったため、とくに管理団体であった「テキサス共和国の娘たち」により映画撮影の許可が下りなかったという経緯がある。いずれにせよ、アラモ村のなかの、もう一つの「アラモ砦」が、メディア産業のなかで新たなアラモ映画を「再生産」することに寄与したことはまことに興味深い話である。

さて、私が学問の道を志すようになって、三〇年ほどの歳月が過ぎた。思い起こせば、これまでの人生において、数多くの方々からご尽力とご教示を賜った。ここで一人ひとりの名前を書き連ねることはできないが、外国語学部出身の筆者に、歴史学の根本から手解きいただき、私のライフワークの一つともいうべき、「米国膨張主義と米墨関係」に関するテーマを晩年までご指導いただいたという意味で、恩師であり、師匠である、山岸義夫先生（金沢大学名誉教授）にまずは御礼申し上げたい。

二〇〇〇年に他界されたときに、先生のご遺志を継ぎ、将来、関連の専門書を世に問うことを決意したが、悲しいことに、それから早くも一七年の歳月が経過した。人の命は永遠でないことを肝に銘じ、時間との勝負で研究に打ち込んできたつもりであったが、現実には思うように進んでいない。しかも、本書は、アラモ砦事件という一連の米国膨張主義の序幕を論じたにすぎず、今後、米国膨張主義の全体の歴史を追究するためにも、この続編の出版に努力しなければならない。とはいえ、この度の本書の上梓をもって、先生とのお約束を少しは果たすことができたのではないか、と安堵している。

また、金沢大学大学院修了後、博士後期課程からの指導を引き受けてくださった、現代ラテンアメリカ政治がご専門である故グスタボ・アンドラーデ神父（上智大学名誉教授・同大学イベロアメリカ研究所元所長）にも感謝申し上げなければならない。このようにお世話になった先生方が、次々と故人になられるという現実を直視し、自己の研究成果を恩師たちの生前にまとめることができなかった、己の力不足を我ながら反省せざるを得ない。

他方、京都外国語大学理事長・総長 森田嘉一先生、同大学学長 松田武先生、ならびに元スペイン語学科長、同大学名誉教授 坂東省次先生をはじめ、学園関係諸氏には、筆者の研究に様々なご支援と配慮を賜り、感謝の気持で一杯である。また、同じ山岸門下の兄弟子である、中部大学教授 河内信幸先生からは、学問的刺激を受けるとともに、個人的な相談にも快く応じていただいた。加えて、戦争研究という面では、上智大学大学院時代、副専攻で私のゼミ指導をしていただいた、日米外交史、国際関係史がご専門である、三輪公忠 上智大学名誉教授、そして三輪ゼミの同期である、防衛大学校防衛学教育学群元教授 横山久幸先生との従来のお付き合いを通じて、専門領域を超えた有益な示唆をいただく機会に恵まれたことは私にとって極めて貴重であった。また、横山氏には、サンタアナと米墨戦争のテーマで、二〇一七年二月三日、防衛大学校の学生諸君に対して講演の機会を与えていただいたことは記憶に新しい。

さらに、畏友、古畑正富先生（京都外国語大学ラテンアメリカ研究所客員研究員・筑波大学歴史人類学会会員）には、ご多忙の中、原稿段階で全体に目を通していただき、貴重なご意見とご教示をいただいた。編集は、前作に引き続き、兼子千亜紀氏、岩井峰人氏にお世話になった。記して御礼申し上げる次第である。

最後に、個人的な話で恐縮であるが、長年、学問・研究を続けるうえで、経済的、精神的な支えとして、家族の協力が不可欠であった。とりわけ、私の生き方に理解を示し、絶えず温かい視線を注いでくれた両親の存在は大きい。時には心配をかけたかもしれない。しかし、息子の成長を心待ちにしていたが、本書を手に取ることなく、本年の四月七日、この世を去った敬愛する父にも、これまでの感謝の意を込めて、本書を捧げることにしたい。

二〇一七年七月吉日

洛西の新研究室にて

牛島　万

# 関係略年表

| | | |
|---|---|---|
| 1775年 | 4月 | アメリカ独立戦争勃発。 |
| 1776年 | 7月 | アメリカ独立宣言。 |
| 1783年 | 9月 | パリ条約。イギリスは米国の独立を承認。 |
| 1803年 | 4月 | フランス領ルイジアナ、米国が買収。 |
| 1819年 | 2月 | アダムス・オニス条約で、米国はスペインからフロリダを獲得。同時に、米国はテキサスの領有権を放棄。 |
| 1821年 | 9月 | メキシコは、独立戦争（1810〜21年）を経て、スペインから独立達成。 |
| | 12月 | 米国、メキシコを承認。 |
| 1822年 | 3月 | メキシコ、イトゥルビデ帝政崩壊。 |
| 1823年 | 4月 | メキシコ、オースティンにテキサス入植権を承認。 |
| | 10月 | メキシコ、連邦制憲法を発布。コアウイラ・テキサス（テハス）州の誕生。 |
| 1827年 | | 米アダムズ大統領、ポインセットを派遣し、テキサス買収を試みるが、失敗。 |

| | | |
|---|---|---|
| 1829年 | | 米ジャクソン大統領、ポインセットにテキサス買収を交渉させるが、失敗。 |
| 1830年 | 4月 | メキシコ議会、テキサスでの奴隷制禁止と、米国人のテキサス移住を禁止。 |
| 1833年 | 4月 | 純粋派ゴメス・ファリアスと協働で政権奪取。サンタアナは大統領、ゴメス・ファリアスは副大統領。 |
| 1834年 | 5月 | ゴメス・ファリアスによる急進的自由主義改革が失敗。サンタアナ、ゴメス・ファリアスを解任。 |
| 1835年 | 5月 | サンタアナ、サカテカスの反乱を鎮圧。 |
| | 10月 | サンタアナ、中央集権制へ移行。テキサス独立戦争勃発。 |
| 1836年 | 3月2日 | テキサス独立宣言。6日　アラモ砦事件。27日　ゴリアッド虐殺。 |
| | 4月21日 | サンハシントの戦いで、テキサス軍勝利。 |
| | 5月14日 | ベラスコ条約でサンタアナ、テキサスの独立を承認。 |
| | 10月 | ヒューストン、テキサス共和国初代大統領に就任。 |
| | 12月 | メキシコ中央集権憲法（七法）発布。 |
| 1837年 | 1月 | サンタアナ、ジャクソン大統領と会談。 |
| | 3月 | ジャクソン大統領、テキサス共和国承認。 |
| 1838年 | 3月 | フランス、メキシコ・ベラクルス港封鎖。 |

| | | |
|---|---|---|
| | 11月 | 対仏戦争開始。 |
| | 12月 | サンタアナ軍、フランス軍の上陸を阻止。サンタアナは左足を負傷し、義足となる。 |
| 1841年 | 10月 | サンタアナ、大統領に就任。テキサス共和国第二代大統領ラマーによるサンタフェ遠征失敗。 |
| | 11月 | テキサス共和国第三代大統領にヒューストン選出。 |
| 1842年 | 3月、 | バスケス軍、サンアントニオ襲撃。 |
| | 9月 | ウール軍、サンアントニオ占領失敗。 |
| | 12月 | テキサス軍、メキシコのラレドとゲレロを一時占領。 |
| 1843年 | 6月 | メキシコ、組織基本法発布。サンタアナの独裁制確立。 |
| 1844年 | 12月4日 | 米、ポーク大統領誕生。 |
| | 6日 | メキシコ、エレラ将軍がサンタアナから政権を奪取。サンタアナ独裁制の終焉。 |
| | 9日 | テキサス、共和国最後の大統領にジョーンズ就任。 |
| 1845年 | 3月 | 米、タイラー大統領、テキサス併合両院共同決議に署名。メキシコ、米国と国交断絶。 |

| | | |
|---|---|---|
| | | 英仏、米による併合案を阻止する目的で、テキサス独立承認をメキシコ政府に提案。 |
| | 6月 | テキサス議会、米国の併合案を受け入れる。 |
| | | サンタアナ、キューバに追放。 |
| | 11月 | 米国、スライデルを特使としてメキシコへ派遣。 |
| | 12月 | テキサスは米国連邦に加盟。テキサス共和国の終焉。 |
| | | メキシコ、主戦派のパレデス将軍、エレラから政権を奪取。 |
| 1846年 | 4月 | 米墨戦争勃発。 |
| | 8月 | サンタアナ、米戦艦でメキシコに帰還。 |
| | 12月 | サンタアナ、大統領に就任。軍最高司令官を兼務。 |
| 1847年 | 9月 | メキシコ市、米スコット軍が占領。 |
| 1848年 | 2月 | グアダルーペ・イダルゴ条約締結。米墨戦争終結。 |
| | 3月 | サンタアナ、ジャマイカ、のちにコロンビアに亡命。 |
| 1853年 | 4月 | サンタアナ、再びメキシコ帰還。 |
| | 12月 | 米、メキシコのラ・メシージャ地方を買収。 |

# 史料

## アラモ砦事件死亡者リスト

(TX: Texas, SA: San Antonio, TN: Tennessee, KY: Kentucky, AR: Arkansas, AL: Alabama, MS: Missouri, Miss.: Mississippi, NH: New Hampshire, VA: Virginia, IL.: Ilinois, LA: Louisiana, GA: Georgia, NC: North Carolina, SC: South Carolina, PA: Pennsylvania, Phil: Philadelphia, NJ: New Jersey, MA: Massachusetts, NY: New York, VA: Virginia, VT: Vermont, CT: Connecticut)

Amelia W. Williams, *The Alamo Defenders: A Critical Study of the Siege of the Alamo & the Personnel of its Defenders* (Texas: Copano Bay Press, 2010 [1931]. )に主として依拠している。参考として、次のデータを二次的に用いる。www.thealamo/remember/history/defenders/index.html

| 氏名 | 年齢 | 生まれ | テキサス居住 | その他の居住地 | 備考(F:不法戦士) |
|---|---|---|---|---|---|
| Abamillo, Juan | ? | TX | SA | | 一等兵。Juan Seguín 隊長率いる 25 人の一人、1836 年 2 月 3 日に、トラヴィスとともにアラモ入り。 |
| Allen, Robert | ? | VA | ? | ? | 一等兵。John H. Forsyth 隊員。 |
| Andross, Miles de Forest | 27 | VT | San Patricio, TX | TN | 一等兵。 |
| Autry, Micajah | 43 | NC | ○ | | TN 経由。一等兵。 |
| Badillo. Juan Antonio | ? | TX | SA | | 軍曹。Antonio Padillo という説あり。 |
| Bailey, Peter James | 24 | Springfield, KY | | KY | F. 1836.1 にテキサス到着。一等兵。 |
| Baker, Isaac G. | 32 | AR | Gonzales, TX | | 3 月 1 日にアラモ入りしたゴンサレスからの 32 人の一人。一等兵。 |

| 氏名 | 年齢 | 生まれ | テキサス居住 | その他の居住地 | 備考 |
|---|---|---|---|---|---|
| Baker, William Charles | ? | MS | | Miss. | テキサス軍大尉。移住目的。 |
| Ballentine, John J. | ? | ? | Bastrop, TX | | 一等兵。独身。 |
| Ballentine, Robert W. | 22 | Scotland | | AL | F? 一等兵。 |
| Baugh, John J. | 33 | VA | | | F. 隊長。New Oleans Greys の一員。 |
| Bayliss, Joseph | 28 | TN | | TN | F. 1836.1 到着。一等兵。クロケット隊員。 |
| Blair, John | 33 | | | TN | F? 1835.2 到着、テキサス軍入隊。一等兵。既婚者。 |
| Blair, Samuel | 29 | TN | McGloin Colony, TX | | 移住が目的。隊長。独身。 |
| Blazeby, William | 41 | England | ○ | NY | 移民が目的。隊長。 |
| Bonham, James Butler | 29 | SC | | Montgomery, AL | F? テキサス軍中将。1835.12 にテキサス到着。元弁護士。トラヴィスの誘いでテキサスに向かう。1836.1.18 にボウイとともにアラモに到着。急使2回あり。 |
| Bourne, Daniel | 26 | England | Gonzales, TX | | 一等兵。 |
| Bowie, James | 40 | LA | San Antonio, TX | LA | 志願兵大佐。移住目的。 |
| Bowman, Jesse B. | 51 | TN | ? | IL, AR | F? 一等兵。 |
| Brown, George | 35 | England | Gonzales, TX | | 一等兵。 |
| Brown, James | 36 | PA | ○ | | 一等兵。1835 年到着。移住目的。1835.4 に De Leon Colony で登録。 |

| 氏名 | 年齢 | 生まれ | テキサス居住 | その他の居住地 | 備考 |
|---|---|---|---|---|---|
| Brown, Robert | 18 | ? | | | F.1835.10. テキサス到着。独身。(ただし、Williams のデータにはこの人物は含まれていない。) |
| Buchanan, James | 23 | ? | ○ | AL | 一等兵。1834 年到着。移住目的。妻 Mary とともに Austin Colony で登録。 |
| Burns, Samuel E. | 26 | Ireland | Natchitoches, TX | | 一等兵。 |
| Butler, George D. | 23 | MS | | | F. New Orleans 経由。一等兵。 |
| Campbell, Robert | 26 | TN | | TN | F? 中尉。1836.1 到着。 |
| Cane(Cain), John | 34 | PA | Gonzales, TX | | 一等兵。3 月 1 日アラモ入りしたゴンサレスからの援軍の一人。 |
| Carey, William R. | 30 | VA | | | F. New Orleans 経由。隊長。独身。 |
| Clark, Charles Henry | ? | MS | | | F. New Orleans 経由。1835.11 到着。一等兵。独身。 |
| Clark, M. B. | ? | Miss. | | | F. 1836.1.27. テキサスで入隊。(ただし、Williams のデータにはこの人物は含まれていない。) |
| Cloud, Daniel William | 22 | KY | | | F . 1836.1 到着。一等兵。 |
| Cochran(e), Robert | 26 | NH | | NJ, New Orleans | F? 移民目的。 |
| Cottle, George Washington | 38 (25?) | TN | Gonzales, TX | | 1836.3.1 アラモ入り。一等兵。 |

| 氏名 | 年齢 | 生まれ | テキサス居住 | その他の居住地 | 備考 |
|---|---|---|---|---|---|
| Courtman, Henry | 28 | Germany | ○ | | 移民目的。1832.9.12 に DeWitt Colony で登録。1836.3.1 にアラモ入り。一等兵。 |
| Crawford, Lemuel | 22 | SC | | | 移民目的。一等兵。 |
| Crockett, David | 50 | TN | | VA | F. 1836.1 到着。一等兵。 |
| Crossman, Robert | 26 | PA | | | F? New Orleans 経由。一等兵。 |
| Cummings, David P. | 27 | GA (PA?) | Gonzales, TX? | | F. 一等兵。New Orleans 経由。 |
| Cunningham, Robert W. | 27 (32?) | TN (NY?) | ○ | KY. AR. | 1833.3.4 に Austin Colony に登録。一等兵。New Orleans 経由。 |
| Damon (Daymon), Squire | 28 | TN | Gonzales, TX | | 1836.3.1 にアラモ入り。一等兵。 |
| Darst (Durst or Dust), Jacob C. | 48 (43?) | TN (KY?) | Gonzales,TX | MS? | ゴンサレスからの 32 人の一人、1836.3.1 アラモ入り。一等兵。 |
| Davis, John | 25 | KY | Gonzales, TX | | ゴンサレスからの 32 人の一人、1836.3.1 アラモ入り。一等兵。 |
| Day, Freeman H. K. | 30 | ? | ? | ? | F? 一等兵。 |
| Day, Jerry C. | 20 (18?) | MS | Gonzales, TX | MS | 一等兵。父 Jeremiah Day はテキサス軍荷馬車係 (1836-38)。 |
| Dearduff, William | ? | TN | Gonzales, TX | | ゴンサレスからの 32 人の一人、1836.3.1 アラモ入り。一等兵。 |
| Dennison, Stephen | 24 | England (Ireland?) | | KY | F?。一等兵。New Orleans 経由。 |

| 氏名 | 年齢 | 生まれ | テキサス居住 | その他の居住地 | 備考 |
|---|---|---|---|---|---|
| Despallier, Charles | 24 | LA | ? | ? | 1836.3.1. ゴンサレスの 32 人を連れてアラモにもどるが、これ以前に一度急使としてアラモを出ていた。一等兵。独身。フランス系。Carlos Espalier と同一人物かどうかの論争がある。 |
| Dickenson (Dickinson), Almaron | 26 (36?) | PA? | Gonzales, TX | TN | 移民目的。アラモでは砲兵隊長。妻 Susana Dickinson は重要な生き証人。 |
| Dillard, John H. | 31 | TN | Nashville on the Brazos, TX | TN | 一等兵。 |
| Dimkins (Dimpkins), James B. | ? | England | ? | ? | F. 一等兵（軍曹？）。New Orleans Greys の一員。 |
| Dover, Sherod J. | 30 | England | ? | ? | F? 一等兵。（他の史料によると、この人物は存在しないとされている。） |
| Duel (Dewell or Dewall), Lewis | 24 | NY | ○ | | 移民目的。煉瓦職人。一等兵。 |
| Duvalt (Devault), Andrew | 32 | Ireland | Gonzales, TX | | 一等兵。 |
| Espalier, Carlos | 17 | TX | San Antonio, TX | | 一等兵。James Bowie の部下とされる。Cherles Despallier と同一人物かどうかの論争があるが、Carlos Espalier の相続人は San Antonio 在住の Guardia de Luz であった。 |

| 氏名 | 年齢 | 生まれ | テキサス居住 | その他の居住地 | 備考 |
|---|---|---|---|---|---|
| Esparza, Gregorio | 33 | San Antonio, TX | San Antonio, TX | | 一等兵。Seguín の一員。妻と４人の子供もアラモに籠城。兄はサンタアナ軍兵。サンタアナは彼の死体だけは焼かずに、友人の手によって埋葬することを認めた。 |
| Evans, Robert | 36 | Ireland | | NY | F? New Orleans 経由。重砲隊長。一等兵。 |
| Evans, Samuel B. | 27 (24?) | NY? | | KY | F? 一等兵。 |
| Ewing, James L. | 24 | TN | | | F? 一等兵。 |
| Fishbaugh (Fishback), William | ? | ? | Gonzales, TX | | 一等兵。ゴンサレスからの32人の一人。1836.3.1. アラモ入り。 |
| Flanders, John | 36 | MA | Gonzales, TX | MA | New Orleans 経由。一等兵。独身。ゴンサレスからの 32 人の一人。1836.3.1. アラモ入り。 |
| Floyd, Dalphin Ward | 29 (32?) | NC? | Gonzales, TX | | 一等兵。 |
| Forsyth, John Hubbard | 39 (38?) | Avon, NY | | Livingston County, KY, NY | 隊長。移住目的。25 歳で結婚したが妻が死亡。一人息子を残して移住。 |
| Fuentes, Antonio | 23 | San Antonio, TX | San Antonio, TX | | 一等兵。Seguín 軍の一員。 |
| Fuqua, Galba | 16 | Gonzales, TX (AL?) | Gonzales, TX | | 一等兵。ゴンサレスからの32人の一人、1836.3.1 アラモ入り。 |
| Furtleroy (Fontleroy or Fauntleroy), William H. | 22 | KY | | | F. 一等兵。テキサス到着 1836.1. クロケットとともにアラモ入り。 |

| 氏名 | 年齢 | 生まれ | テキサス居住 | その他の居住地 | 備考 |
|---|---|---|---|---|---|
| Garnett, William | 24 | TN (VA?) | Robertson Colony at Falls of the Brazos, TX | | 一等兵。移住目的。バプティストの宣教師。トラヴィスを慕っていた。 |
| Garrand, James W. | 23 | ? | | LA | F. 一等兵。 |
| Garrett, James Girard | 30 | TN | | | F. New Orleans 経由。一等兵。 |
| Garvin, John E. | 27 | ? | Gonzales, TX | | 一等兵。ゴンサレスからの32人の一人、1836.3.1 アラモ入り。 |
| Gaston, John E. | 17 | KY? | Gonzales, TX | | 一等兵。ゴンサレスからの32人の一人、1836.3.1 アラモ入り。 |
| George, James | 34 | ? | Gonzales, TX | | 一等兵。 |
| Goodrich, John Calvin | 27 | VA? | | TN | F? 一等兵。 |
| Grimes, Albert Calvin | 23 (19?) | GA | Navasota, TX | | 一等兵。 |
| Guerrero, José María | 43? | ? | Laredo, México | | 一等兵。Seguín 軍の一員。 |
| Gwynne (Gwin, Groyn), Jemes C. | 31 (32?) | England | | Miss. | F? 一等兵。 |
| Hannum (Hannan, Hanuam), James | 21 | PA? | ? | ? | F? 一等兵。 |
| Harris, John | 23 | KY | Gonzales, TX | | 一等兵。 |
| Harrison, Andrew Jackson | 27 | TN? | ? | ? | F? 一等兵。 |
| Harrison, William B. | 25 | Ohio | | TN | F. 隊長。クロケット隊員。1836.1. テキサス到着。 |
| Haskell (Heiskill), Chales M. | 23 | TN | | LA | F. 一等兵。一度アラモを出たが、ボウイとアラモにもどっている。 |
| Hawkins, Joseph M. | 37 | Ireland | | LA | F? 一等兵。 |
| Hays, John M. | 22 | TN | | Nashville, TN | 一等兵。移民目的。 |
| Hendricks, Thomas | 21 | ? | ? | ? | F? 一等兵。 |

| 氏名 | 年齢 | 生まれ | テキサス居住 | その他の居住地 | 備考 |
|---|---|---|---|---|---|
| Herndon, Patrick Henry | 31 (32?) | VA | Navidad, TX | | 一等兵。 |
| Hersee (Hersey), William D. | 32 (31?) | England | | LA | F? 軍曹。1835年12月のBexarでの戦いで負傷し、アラモにいた。 |
| Holland, Tapley | 24 (26?) | Ohio | Grimes County, TX | | 一等兵。線引きを初めて越えてトラヴィスに忠誠を誓った人物とされる。 |
| Holloway, Samuel | 28 | Phil, PA | | LA | F? 一等兵。 |
| Howell, William D. | 45 (39?) | MA | | | F? 外科医。New Orleans経由。 |
| Jackson, Thomas | ? | Ireland | Gonzales, TX | | 一等兵（中尉？）。ゴンサレスからの32人の一人、1836.3.1アラモ入り。 |
| Jackson, William Daniel | 29 | Ireland | | KY | F?　一等兵（中尉？）。KY経由。 |
| Jameson, Green B. | 29 (27?) | KY(TN?) | Brazonia, TX | | 技師（中尉？）。 |
| Jennings, Gordon C. | 27 (56?) | CT? | | MS | F? 一等兵。 |
| Johnson, Lewis | 23? | Wales (VA?) | Nacogdoches, TX | | 一等兵。 |
| Johnson, William | ? | PA? | | PA | 一等兵。移民目的。同姓同名のWilliam P. Johnsonはゴリアッドの戦いで死んだ別人である。 |
| Jones, John | 26 | NY? | | NY | F. 中尉。New Orlean Graysの一員からテキサス軍入隊。 |
| Kellogg, Johnny (Kellogg, John Benjamin) | 19 | KY? | Gonzales, TX | | 一等兵（中尉？）。ゴンサレスからの32人の一人、1836.3.1アラモ入り。 |
| Kenny, James | 23 (22?) | VA? | | VA | F? 一等兵。 |
| Kent, Andrew | 38 | KY? | Gonzales, TX | MS? | 一等兵。ゴンサレスからの32人の一人、1836.3.1アラモ入り。 |

| 氏名 | 年齢 | 生まれ | テキサス居住 | その他の居住地 | 備考 |
|---|---|---|---|---|---|
| Kerr, Joseph | 22 | Lake Providence, LA | | | F? 一等兵。 |
| Kimball (Kimbell), George C. | 27 (33?) | NY? | Gonzales, TX | | 中尉。ゴンサレスからの32人の一人、1836.3.1 アラモ入り。 |
| King, John G. | 26 | ? | Gonzales, TX | | 一等兵。ゴンサレスからの32人の一人、1836.3.1 アラモ入り。 |
| King, William P. | 24 (16?) | MS? | Gonzales, TX | | 一等兵。ゴンサレスからの32人の一人、1836.3.1 アラモ入り、John G. King と兄弟。(他史料によると、John G. King は William P. King の父で、父の代わりに子供である John G. King だけがアラモ入りを果たしたとする。) |
| Lewis, William Irvine | 23 (30?) | Wales (VA?) | | Phil., PA | 一等兵。移住目的。母親はフィラデルフィアにいた。 |
| Lightfoot, William J. | 25 (31?) | VA (KY?) | Gonzales, TX | AR | 伍長。 |
| Lindley, Jonathan L. | 31 (22?) | England (IL?) | Gonzales, TX | | 一等兵。ゴンサレスからの32人の一人、1836.3.1 アラモ入り。 |
| Linn, William | ? | MA? | | MA | F. 一等兵。New Orleans Greys の一員。 |
| Losoyo (Losoya), José Toribio (Toribio Domingo) | 27? | San Antonio, TX | San Antonio, TX | | 一等兵。 |
| Main, George Washington | 29 | VA? | | VA | 一等兵。 |
| Malone, William T. | 18 | AL? | | AL | F? 一等兵。 |
| Marshall, William | 29 (28?) | TN | | AR | F? 一等兵。 |

| 氏名 | 年齢 | 生まれ | テキサス居住 | その他の居住地 | 備考 |
|---|---|---|---|---|---|
| Martin, Albert | 30 (28?) | TN | Gonzales, TX | | 隊長。早期に急使としてアラモを出たが、1836.3.1. にゴンサレスからの 32 人の隊長としてアラモ入り。 |
| McCafferty, Edward | ? | ? | MaGloin's Colony, TX | | 中尉。 |
| McCoy, Jesse | (32?) | TN? | Gonzales, TX | MS? | 一等兵。1836.3.1. にゴンサレスからの 32 人の一人としてアラモ入り。 |
| McDowell, William | 40 (42?) | PA? | | TN | F. 一等兵。1836.1. テキサス到着、テキサス軍入隊。 |
| McGee, James | ? | Ireland | Gonzales, TX | | 一等兵。1835.12 の Bexar での戦いで負傷し、そのままアラモにいた。 |
| McGregor, John | 34? | Scotland | Nacogdoches, TX | | 軍曹。バグパイプを吹いて、クロッケトと演奏したといわれる。 |
| McKinney, Robert | 27 | TN | | TN | F. 一等兵。New Orleans 経由。 |
| Melton, Eliel | 40 (38?) | SC (GA?) | Nashville on the Brazos, TX | | 中尉。 |
| Miller, Thomas R. | 41 (31?) | TN (VA?) | Gonzales, TX | | 一等兵。ゴンサレスからの32人の一人、1836.3.1 アラモ入り。 |
| Mills, William | 21 (20?) | TN | | AR (Miss.) | 一等兵。移民目的。 |
| Millsaps, Isaac | 41 | Miss. (TN?) | Gonzales, TX | Miss.? | 一等兵。ゴンサレスからの32人の一人、1836.3.1. アラモ入城、盲人の妻と 7 人の子供もアラモ砦に籠城。 |
| Mitchasson (Mitcherson), Edward | 29 (30?) | VA | | MS | F? 外科医。 |

| 氏名 | 年齢 | 生まれ | テキサス居住 | その他の居住地 | 備考 |
|---|---|---|---|---|---|
| Mitchell, Edwin T. | 30 | GA? | | GA | F? 一等兵。移住目的で入ってきたようだが、記録が不明。 |
| Mitchell, Napoleon B. | 32 | TN? | ? | ? | F?　一等兵。 |
| Moore, Robert B. | 55 (30?) | VA | | | F. 一等兵。New Orleans Greys の一員。 |
| Moore, Willis A. | 28 | NC? | | AR | 一等兵。移民目的。 |
| Musselman, Robert | 31 | Ohio | | LA | F. 軍曹。New Orleans Greys の一員。 |
| Nava, Andres | 26 | San Antonio, TX | San Antonio, TX | | 一等兵。Seguín 軍の隊員。 |
| Neggan, George | 28 | SC | Gonzales, TX | | 一等兵。 |
| Nelson, Andrew M. | 27 | TN | | | F. 一等兵。New Orleans Gray. 下の Edward と George とは兄弟関係ではない。 |
| Nelson, Edward | 20 | SC | | | F. 一等兵。New Orleans Gray. Nelson 兄弟。 |
| Nelson, George | 31 | SC | | | F. 一等兵。New Orleans Gray Nelson 兄弟。 |
| Northcross, James | 32 | VA | Mina, TX | | 一等兵。 |
| Nowlan (Nowlin), James | 27 | England (Ireland?) | | | F. 一等兵。1835.12 の Bexar の戦いで負傷し、そのままアラモにいた。New Orleans Greys の一員。 |
| Pagan, George | 26 | ? | | Natchez, Miss. | F?　一等兵。 |
| Parker, Christopher | 22 | ? | Vehlem’s Colony, TX | Natchez, Miss. | 一等兵。1835.11. に入植手続。独身。 |
| Parks, William | 31 | NC? | Austin's colony, TX? | ? | 一等兵。 |

| 氏名 | 年齢 | 生まれ | テキサス居住 | その他の居住地 | 備考 |
|---|---|---|---|---|---|
| Perry, Richardson | 19 | TX (Miss.?) | Brazos County, TX? | | 一等兵。 |
| Pollard, Amos | 33 (32?) | MA | Gonzales, TX | NY | 外科医。New Orleans 経由。 |
| Reynolds, John Purdy | 29 | Phil, PA | | Mifflin, TN（7年間） | F. 一等兵。元外科医。TN 経由、1836.1 クロケットとともにテキサス到着。 |
| Roberts, Thomas H. | ? | ? | ? | | F? 一等兵。 |
| Robertson, James | 32 (24?) | TN | | LA | F? B.P. Despallier 隊員。1835.12. の Bexar の戦いに参加。 |
| Robinson, Isaac | 33 (28?) | Scotland | | | F. 一等兵。New Orleans 経由。 |
| Rose, James M. | 31 | Ohio | | AR | 一等兵。移住目的。Moses Rose とは別人。 |
| Rusk, Jackson J. | ? | Ireland | Nacogdoches, TX | | 一等兵。 |
| Rutherford, Joseph | 35 (38?) | KY | Nacogdoches, TX | | 一等兵。 |
| Ryan, Isaac | 24 (31?) | LA? | | Opelousas,LA | F? 一等兵。 |
| Scurlock, Mial | 27 (26?) | NC? | | LA (TN, Miss.?) | 一等兵。移住目的。 |
| Sewell, Marcus L. | 31 | England | Gonzales, TX | | 一等兵。New Orleans 経由。 |
| Shied (Shead), Manson | 25 | GA | Brazonia, TX | | 一等兵。 |
| Simmons, Cleveland (Clelland) Kenlock | 26 (20?) | Charleston, SC | | | F. 騎兵隊中尉。1836.1. テキサス到着。 |
| Smith, Andrew H. | 22 (21?) | TN | | | F? 一等兵。脱走兵に Andrew Smith がいたようであるが、同一人物かどうかは不明。 |
| Smith, Charles S. | 30 | Maryland | | LA | F? 一等兵。 |
| Smith, Joshua G. | 28 | NC | Bastrop, TX | | 一等兵。 |

| 氏名 | 年齢 | 生まれ | テキサス居住 | その他の居住地 | 備考 |
|---|---|---|---|---|---|
| Smith, William H. | 27 (25?) | ? | Nacogdoches, TX | | 一等兵。テキサス軍入隊。同姓同名の人物の存在は不明。 |
| Starr, Richard | 25 | England | San Antonio, TX | | 一等兵。 |
| Stewart (Stuart), James E. | 28 | England | ? | ? | F? 一等兵。 |
| Stockton, Richard L. | 18 (19?) | VA (NJ?) | | VA? | F. 一等兵。1836.1. テキサス到着。クロケット隊。 |
| Summerlin, A. Spain | 19 | TN | Nacogdoches, TX | AR | 一等兵。 |
| Summers, William E. | 24 | TN | Gonzales, TX | | 一等兵。 |
| Sutherland, William D. | 18 (17?) | ? | Navidad, TX | AL? | 一等兵。母親はテキサスに在住。 |
| Taylor, Edward | 18 (24?) | TN? | Liberty, TX | | 一等兵。Taylor3 兄弟。 |
| Taylor, George | 22 (20?) | TN? | Liberty, TX | | 一等兵。Taylor3 兄弟。 |
| Taylor, James | 20 (22?) | TN? | Liberty, TX | | 一等兵。Taylor3 兄弟。 |
| Taylor, William | 37 | TN | Little River, now Milam County, TX | | 一等兵。テキサス軍入隊。同軍に同姓同名が他に２名いた。 |
| Thomas, B. Archer M. | 19 (18?) | KY | | KY | F. 一等兵。1836.1. テキサス到着。Tennessee Mounted Volunteers. |
| Thomas, Henry | 25 | Germany | ? | ? | F. 一等兵。New Orleans Greys の一員。 |
| Thompson, Jesse | 38? | AR | Brazoria, TX | | 一等兵。 |
| Thomson, John W. | 25 (29?) | VA? | | NC | F. 一等兵。1836.1 テキサス到着。Tennessee Mounted Volunteers. |
| Thurston, John M. | 27 (23?) | PA | SA | KY | 少尉。サンアントニオの Francis De Sauque の店の支配人をしていた。 |
| Trammel, Burke | 26 | Ireland | | TN | F? 一等兵。 |
| Travis, William Barret | 27 | SC | ○ | AL | 中佐。移住目的。 |

| 氏名 | 年齢 | 生まれ | テキサス居住 | その他の居住地 | 備考 |
|---|---|---|---|---|---|
| Tumlinson, George W. | 27 | MS | Gonzales, TX | | 一等兵。ゴンサレスからの 32 人の一人、1836.3.1 アラモ入り。 |
| Tylee, James | 41 | NY | | | 入植目的。(ただし、Williams のデータにはこの人物は含まれていない。) |
| Walker, Asa | 23 | Columbia, TN | | | F? 一等兵。1835. 11. にテキサキに到着。テキサス軍入隊。テネシーからの旅費、戦闘服、ライフル代として 96 ドルを前借した。 |
| Walker, Jacob | 31 (36?) | TN? | Nacogdoches, TX | | 一等兵。Asa Walker とは従妹。ディキンソン夫人のそばで殺されたとされる。 |
| Ward, William B. | 30 | Ireland | | | F? 軍曹。New Orleans 経由。 |
| Warnell (Wornel), Henry | 24 | AR? | Bastrop, TX | AR | 一等兵。妻死後、子供を残して 1835.1. テキサス到着。移住目的。 |
| Washington, Joseph G. | 28 | KY? | | TN | F. 一等兵。Tennessee Mounted Volunteers. 1836.1. テキサス到着。 |
| Waters, Thomas | 24 | England | | LA | F. 一等兵。New Orleans Greys の一員。 |
| Wells, William | 22 (47?) | GA? | | Hall County, GA | F? 一等兵。 |
| White, Isaac | ? | KY? | | KY | F? 一等兵。 |
| White, Robert | 30 | ? | Gonzales, TX | | 中尉。ゴンサレスからの 32 の一人。1836.3.1 アラモ入り。 |
| Williamson, Hiram J. | 26 | Phil, PA | | | 上級曹長。独身。入植目的。 |
| Wilson, David L. | 29 | Scotland | Nacogdoches, TX | | 一等兵。既婚者。 |

| 氏名 | 年齢 | 生まれ | テキサス居住 | その他の居住地 | 備考 |
|---|---|---|---|---|---|
| Wilson, John | 32 | PA | | TN | F? テキサス軍入隊。 |
| Wolfe, Anthony | 54? | England/ Spain | Nacogdoches, TX | | 一等兵。 |
| Wright, Claiborne | 26 | NC | Gonzales, TX | | 一等兵。ゴンサレスからの32人の一人、1836.3.1 アラモ入り。 |
| Zanco, Charles | 28 | Denmark | Bexar, TX | | 中尉。 |
| ? , John | ? | | | | Francis De Sauque の奴隷少年。主人はゴリアッドで戦死。どうして奴隷少年が殺されたのかは不明。 |

## アラモ砦脱出者リスト

| 氏名 | 備考 |
|---|---|
| Allen, James L. | 1835 年末にテキサス到着。テキサス軍入隊。1836.3.5. にアラモ砦を急使の役目で出たといわれている。 |
| Bastion, Samuel G. | 1836 年にテキサス軍入隊。1836.2.23. にアラモを出てゴンサレスに向かったとされるが、定かな証拠はない。 |
| Baylor, John W. | テキサス軍入隊。アラモから急使として出て、ファニン軍に入るが、ここでも危機を脱する。サンハンシントの戦いに参加、その後まもなくアラバマで死亡。 |
| Bonham, James Butler | 1836.2.16. にアラモを出て、同月 23 日にもどる。さらに 2 度目の急使として、27 日にアラモを出た。3.3. には再びアラモにもどってきたが入城を留まったとされる。サンハンシントの戦いに参加。 |
| Brown, Robert | 1836.2.25. 急使としてアラモを出たか、アラモで死亡したか不明。1835.10. テキサス到着。 |
| Cruz y Arocha, Antonio | Juan Seguín とともに 2.29. に急使としてアラモを出る。 |
| De Sauque, Francis | ファニン軍と合流し、ゴリアッドで戦死。奴隷の John をアラモ砦に置き去りにしたといわれている。 |
| Garza, Alexandro de la | Juan Seguín とともにアラモに来た 9 人の一人。 ただし、いつアラモを出たかは定かではなく、おそらくセギンとは別に出たのではないかといわれている。 |

| | |
|---|---|
| Highsmith, Benjamin F. | 1836.2.24. 深夜、ファニン軍への急使としてアラモを出る。3.1. 再びアラモを出て、3.4. にアラモに戻ってきたが、メキシコ軍に周囲を囲まれ、断念。 |
| Johnson, ? | ファニン軍への急使の若者で、John W. Smith とともに送られたとされる。 |
| Lockhart, Byrd | 急使としてアラモを出たとされている。 |
| Martin, Albert | 1836.2.24. 夜に急使の役目でアラモ脱出。このときの回状とその裏に鉛筆書きされた自筆のメモが残っている。3.1. 再びアラモ入り。3.3. 急使の役目でアラモを出発。翌日、アラモに戻ったとされる。 |
| Navan, Gerald | 隊長。アラモ事件以降、John W. Smith とともに犠牲者のリストをつくったとされる。 |
| Oury, William | 1836.2.29. ヒューストンあての急使。 |
| Patton, Captain William | 1836.1.18. にアラモに援軍を誘導、23 日にメキシコ軍が来る前にアラモを出たとみられる。 |
| Seguín, Juan | 1836.2.29. 夜に急使の役目で Antonio Cruz y Arocha とともにアラモを出た。 |
| Simpson, W. K. | 1836 年にテキサス軍入隊。ファニン軍と合流し、ゴリアッドで戦死。 |
| Smith, John W. | 1836.2.23. と 3.3. の夜にアラモを出た。3.1. にはゴンサレスからの援軍を誘導しアラモに入る。3.4. 夜に再びアラモを出たとみられる。 |
| Smithers, Lancelot | 1836.2.23. にアラモから出た急使。 |
| Sowell, Andrew | Byrd Lockhart と同伴でアラモを急使の役目で出た。 |
| Sutherland, John | 1836.2.23. にゴンサレスに向けての急使。John Smith と同伴。 |
| Warnell (Wornel), Henry | 1836.2.28. か 29. にヒューストンに対する急使の役目でアラモを出た。おそらく道中で攻撃を受けて負傷し、数ヶ月のちに Port Lavaca で死去したとされる。 |

# 註

## 第一章

1 Fred Anderson and Andrew Cayton, *The Dominion of War: Empire and Liberty in North America, 1500-2000* (N.Y.: Viking, 2005), p. 252.

2 *Ibid.*, p. 253.

3 冨所隆治『テキサス併合史——合衆国領土膨張の軌跡』（有斐閣出版サービス、一九八四年）、九頁。オースティンたちの移民団に、メキシコ政府は各世帯主に六四〇エーカー、配偶者に三二〇エーカー、子供一人に一六〇エーカー、奴隷にも八〇エーカーの土地が無償で譲渡された。Ángela Moyano Pahissa, *La pérdida de Texas* (México: Planeta, 1991), p. 43; Josefina Zoráida Vázquez, "Colonización y Pérdida de Texas," en Ma. Esther Schumacher (ed.), *Mitos en las relaciones México-Estados Unidos* (México: Fondo de Cultura Económica, 1994), p. 51.

4 ただし、帝国入植法では、エンプレサリオに対し、①最低一二年入植および開墾されない場合、②与えられた土地の三分の二が二〇年以内に売却されない場合は、その権利を失う。また個人に対しても、二年開墾がなされていない場合は、同様に権利を剥奪された。また一八二五年三月二四日公布のコアウイラ・テキサス入植法第一二条では、エンプレサリオに与えられた土地は、一〇〇家族毎に八八六エーカーの農地と、二万二一四〇エーカーの牧草地であった。George Lockhart Rives, *The United States and Mexico: A History of the Relations between the Two Countries from the Independence of Mexico to the Close of the War with the United States* (N.Y.: Charles Scribner's Sons, 2 vols, 1913), I, pp. 139-147. 冨所、前掲書、九～一〇、二七～二八頁。

5 William Ransom Hogan, *The Texas Republic: A Social and Economic History* (Austin: The University of Texas

Press, 1969), p. 10.

6 テキサスにおける奴隷制の法制史研究は、福本保信『黒人奴隷法形成とその背景——アメリカ西南部における』（西南学院大学研究所、一九八三年）。入植地域の制限に関する一八二四年八月一八日法令については、Moyano Pahissa, *op.cit.*, p. 47.

7 Josefina Zoraida Vázquez y Lorenzo Meyer, *México frente a Estados Unidos, Un ensayo histórica, 1776-2000* (México: Fondo de Cultura Económica, 2001), p. 43.

8 José María Roa Bárcena, *Recuerdos de la invasión norteamericana*, I, (3 vols., México: Editorial Porrúa, 1947), pp. 344-345. アラマンは次のような防衛策を提案した。第一に、テキサスのメキシコ人人口を急増させること。第二に、米国人以外で、目的も慣習も言語も異なる外国人の入植を認めること。第三に、メキシコ湾岸部の通商を開始し、テキサスと隣接諸州との関係の安定に努めること。第四に、米国連邦政府が承認した入植地域制限に関する一八二四年八月一八日法令を破棄すること。第五に、知性と思慮に富む者に限っては、家族数、各入植地の奴隷数、所有地に関する条件の下、従来の契約を継続すべきであるとした。

9 すでにコアウイラ・テキサス（テハス）憲法が一八二七年に発布されたが、奴隷制禁止が法制化されている。Moyano Paissa, *op.cit.*, p. 57.

10 Ernest Wallace, David M. Vignes & George B. Ward (eds.), *Documents of Texas History* (Austin: Texas State Historical Association, 2002), pp. 64-67.

11 Moyano Paissa, *op.cit.*, p. 71.

12 *Ibid.*, p. 87.

13 冨所、前掲書、一六〜一七頁；Wallace, Vignes & Ward, *op.cit.*, pp. 74-85.

14 José María Tornel, *Carta del General José María Tornel a sus amigos, sobre un artículo inserto en el Cosmopolita del día 17 de agosto del presente año* (México: Impreso por Ingacio Cumplido, 1839), p. 53.

15 国本伊代『メキシコ革命とカトリック教会』（中央大学出版部、二〇〇九年）、四六頁。

16 Jesús F. de la Teja, "La colonización e independencia de Texas, El punto de vista tejano," en Schumacher Ma. Esther (ed.), *Mitos en las relaciones México-Estados Unidos* (México: Fondo de Culturas Económica, 1994), p. 94.

17 José Enrique de la Peña (Carmen Perry, trad.), *With Santa Anna in Texas: A Personal Narrative of The Texas Revolution* (Texas, College Station: Texas A & M University Press, 1975), p. 20.

**第二章**

1 サンタアナの母親は異端審問所の取り調べを受けた経験がある。Will Fowler, *Santa Anna of Mexico* (Lincoln: University of Nebraska Press, 2007), p. 15.

2 Anderson and Cayton, *op.cit.*, p. 260.

3 Robert L. Scheina, , *Santa Anna: A Curse upon Mexico* (Washington, D.C.: Brassey's, Inc, 2002), p. 42.

4 *Ibid.*, pp. 20-42.

5 Folwer, *op.cit.*, p. 88.

6 *Ibid.*, p. 89.

7 Scheina, *op.cit.*, p. 17. マンガ・デ・クラボはベラクルス州都ハラパからベラクルス港にかけて広がり、その距離は三五マイル（五六キロメートル）であった。また一八四五年までに同荘園の土地面積は四八万三〇〇〇エーカーに達し、四万頭の家畜を所有していた。

8 Madame Calderón de la Barca, *La vida en México, durante una residencia de dos años en ese país* (México: Editorial Porrúa, 1987), pp. 25-35.

9 María del Carmen Vázquez Mantecón, *La palabra del poder, vida pública de José María Tornel (1795-1853)*, (México: Universidad Nacional Autónoma de México, 1997), p. 75

10 *Ibid*., p. 100.

11 ファウラーはゴメス・ファリアスの穏健性を指摘する。Will Fowler, "El pesamiento político de los santanistas, 1821-1855," en Ponencia presentada en el Congreso de homenaje a la Dra. Josefina Z. Vázquez de El Colegio de México, 11-13 de marzo de 1997, p. 52; Will Fowler, *Santa Anna of Mexico*, *op.cit.*, p. 143; Will Fowler, *Mexico in the Age of Proposals, 1821-1853* (Westport: Greenwood Press, 1998), p. 197; Josefina Zoraida Vázquez, "Iglesia, ejército y centralismo," *Historia Mexicana*, 39:1(1989), pp. 219-220.

12 日和見主義、独裁政、売国奴など、伝統的なサンタアナ批判論のわが国の事例として、大垣貴志郎『物語 メキシコの歴史』(中公新書、二〇〇八年)、九七～一〇三頁；中野達司『メキシコの悲哀――大国の横暴の翳に』(松籟社、二〇一〇年)、三八～三九頁；国本伊代『メキシコ革命とカトリック教会――近代国家形成過程における国家と宗教の対立と宥和』(中央大学出版部、二〇〇九年)、二八頁。

13 Vázquez Manteón, *op.cit.*, p. 100. Nathaniel W. Stephenson, *Texas and Mexican War, A Chronicle of the Winning of the Southwest* (New Haven: Yale University Press, 1921), pp. 51-53. 冨所、前掲書、一七頁。この要因の一つは無論テキサスのコアウイラからの分離要求である。一八三二年の代表者会議によりこれが要求事項にあがり、オースティンはメキシコ政府との交渉に乗り出した。

14 拙稿「米墨戦争原因論に関する実証的研究――メキシコ軍国主義下での軍閥間抗争と主戦論形成を中心に」(博士論文、京都外国語大学、二〇一三年三月論文博士号取得)、五三～五四頁。

15 *Ibid*., p. 101. 一八四〇年代前半のサンタアナ政権の強権性については、Folwer, "El pensamiento", *op.cit.*, pp. 29-54.

16 Vázquez Mantecón, *op.cit.*, p. 101.

17 Rives, *op.cit.* I, pp. 227-232.

18 *Ibid*., pp. 263-264.

19 Scheina, *op.cit.*, p. 26.

20 一八三五年四月七日、州長官の土地処分権限の絶対的権限に関する法案が議会を通過した。

21 Rives, *op.cit.*, p. 265.

22 *Ibid.*, p. 262.

23 *Ibid.*, p. 266.

24 David Montejano, *Anglos and Mexicans in the Making of Texas, 1836-1986* (Austin: University of Texas Press, 1987), pp. 16-18.

25 Rives, *op.cit.*, p. 269.

26 *Ibid.*, p. 273. コスによるマタモロスからテキサス住民に対して出された七月五日付文書で、「ビエスカやムスキスのような州議会が認めていない未だ州当局の成り済ましの者たちのおかげで、間違った熱狂ぶりによって社会秩序が混乱しているのであれば、必然的に武力的処置が、テキサス住民とその所有財産に対して施されるであろう」と警告を発した。

27 *Ibid.*, p. 283.

28 Char Miller, “Tourist Trap Visitors and the Modern San Antonio Economy,” in Rothman, Halk K., (ed.), *The Culture of Tourism, the Tourism of Culture: Selling the Past to the Present in the American Southwest* (Albuquerque: University of New Mexico Press, 2003), pp. 220-221; 拙稿「テキサスの象徴としての『カウボーイ』と『ロングホーン』の形成過程」（天理大学アメリカス学会編『アメリカスのまなざし――再魔術化される観光』、天理大学出版部、二〇一四年）、一七六頁。

29 Rives, *op.cit.*, I, p. 294.

30 Vicente Filisola, *Memoirs for the History of the War with Texas* (Austin: Eakin Press, 2 vols, 1987), II, pp. 179-184.

31 N. Scott Momaday, Thomas A. Drain and David Wakely, *A Sense of Mission: Historical Churches of the Southwest* (San Franciasco: Chronicle Books,1994), pp. 12-25.

32 Wallace O. Chariton, *Forget the Alamo* (Plano, Texas:Wordware Publishing, Inc., 1990), p. xii.

33 Rives, *op.cit.,* I, p. 285.

34 *Ibid*., p. 298.

35 *Ibid*., pp. 299-300.

36 バージニア出身。一八三二年、アナワックでのBradburnに対する攻撃を命じたテキサス軍司令官。

37 ケンタッキー出身のロング不法戦士の一員で、一八一六年にテキサスに入る。その後、メキシコ軍に入隊するが、その後テキサス分離独立運動に参加。一八三五年一二月七日、メキシコ兵に攻撃され即死。

38 一八三五年一〇月三日、サンタアナによって中央集権制への移行が発表された。

39 Rives, *op.cit*., I, pp. 301-302.

40 Monejano, *op.cit.,* pp. 16-18; Manuel Humberto Gonzáles Ramos, *Historia del Puerto de Bagdad* (Matamoros: Imprenta Impresa, 2005), p. 75.

41 Rives, *op.cit*., I, pp. 304-305.

42 Craig H. Roell, *Matamoros and the Texas Revolution* (Denton: Texas State Historical Association, 2013), p. 50. アカプルコ、グアダラハラ、プエブラ、モレリア、オアハカ、サカテカスでも支持者を募っていた。

43 Rives, *op.cit.,* I, p. 307.

44 *Ibid*., p. 305. グラントは当初、一八二四年憲法の復活を望んでいた。前掲拙稿、一八〇〜一八一頁。しかし、反中央政府に対する暴動に参加し、ビエスカやマイラムとともにコス将軍に拘束され、その後、テキサス領内に救助を求め逃げた。

45 Roell, *op.cit.,* p. 50.

46 Rives, *op.cit.*, I, pp. 308-309. ヒューストンはスミス長官とともにマタモロス遠征に反対し、かつ一八三六年一月二日、テキサス東部のチェロキー先住民との紛争解決を命じられた。

47 *Ibid.*, p. 314.

48 *Ibid.*, p. 319.

49 *Ibid.*, p. 321.

50 *Ibid.*, pp. 321-322; Chariton, *op.cit.*, p. 141.

51 Rives, *op.cit.*, I, p. 323.

52 *Ibid.*, p. 324.

編制の内訳は以上の通りである。

1 先行部隊（ラミレス・イ・セスマ将軍指揮）一五四一人（三六九人は騎兵隊）、大砲八門

2 第一歩兵大隊（ガオナ将軍指揮）一六〇〇人、大砲六門

3 第二歩兵大隊（トルサ将軍指揮）一八三九人、大砲六門（コス軍を含む）

4 騎兵大隊（アンドラーデ将軍指揮）四三七人

5 ウレア将軍部隊、歩兵三〇〇人、騎兵三〇一人、四ポンド砲一門

53 Rives, *op.cit.*, I, p. 324

54 *Ibid.*, pp. 325-326.

55 Antonio López de Santa Anna, *Manifiesto que de sus operaciones en la campaña de Tejas: y en su cautiverio dirige a sus conciudadanos el General Antonio López de Santa Anna* (Vera Cruz: Imp. Liberal, 1837), p. 3.

56 Thomas Ricks Lindley, *Alamo Traces: New Evidence and New Conclusions* (Lanham: Republic of Texas press, 2003), p. 146.

57 Rives, *op.cit.*, I, p. 329.

## 第三章

1 David M. Pletcher, *The Diplomacy of Annexation, Texas, Oregon and the Mexican War* (Columbia: University of Missouri Press, 1973).

2 William Jay, *A Review of the Causes and Consequences of the Mexican War* (Boston: B.B.Mussey and Company, 1849); Abie A. Livermore, *The War with Mexico Reviewed* (Boston: William Crosby and H.P. Nichols, 1850).

3 Robert E. May, *Manifest Destiny's Underworld: Filibustering in Antebellum America* (Chapel Hill: University of North Carolina Press, 2002).

4 Vito Alessio Robles, *Coahuila y Texas, desde la consumación de la independencia hasta el tratado de paz de Guadalupe Hidalgo* (2vols., México: Editorial Porrúa, 1945), II, pp. 121, 125.

5 アダムス＝オニス条約が締結された。

6 Moyano Pahissa, *op.cit.,* p. 81; Pletcher, *op.cit.,* p. 69.

7 Moyano Pahissa, *op.cit.,* p. 81.

8 *Ibid*., p. 82.

9 Donald S. Frazier (ed.), *The United States and Mexico at War* (N.Y.: Macmillam, 1998), p. 64.

10 Alessio Robles, *op.cit.,* II, p. 51.

11 *Ibid*., p. 52.

12 Amy S. Greenberg, *Manifest Manfood and the Antebellum American Empire* (Cambridge: Cambridge University Press, 2005), p. 5; Paco Ignacio Taibo, *El Alamo: Una historia no apta para Hollywood* (México, Editorial Planeta, 2011), p. 67.

13 Amelia W. Williams, *The Alamo Defenders: A Critical Study of the Siege of the Alamo & the Personnel of its Defenders* (Copano: Copano Bay Press, 2010 [1931] ), pp. 117-177. 他方、トラヴィスがもっていたリストでは一五〇人、これにゴンサレスからの援軍三二人を加えた一八二人も有力な見解となっている。しかし、トラヴィスは負傷者や黒人奴隷を数に含めていないとして、これらを加えると、二三〇～二五七人であると見積る研究者もいる。Paco Igracio Taibo, *El Alamo: Una historia apta para Hollywood* (México: Planeta, 2011), p. 140.

14 他に、ミズーリ、ルイジアナ、アラバマ、サウスカロライナ、ペンシルバニア、ニューヨーク、メリーランド、オハイオ、ジョージアなどの出身者がいた。

15 Anthony Wolf はスペイン出身であるが、イングランド経由でやってきたと思われる。

16 このなかで、Juan Abamillo, Juan Antonio Badillo, Carlos Espalier, Gregorio Esparza, Antonio Fuentes, José María Guerrero, Damacio Jimenes, Andrés Nava, José Toribio Losoyo の九名が死亡し、Juan Seguín, Antonio Cruz y Archa, Alexandro de la Garza はアラモ砦にはいなかった。D. Jimenes の存在は土地台帳から一九八六年に判明したため、ウィリアムズのリストにはあげられていない。

17 Taibo, *op.cit.*, pp. 66-67.

18 http://www.thealamo.org/history/the-1836-battle/the-defenders/index.html

19 Vito Alessio Robles, *Coahuila y Texas, desde la consumación de la independencia hasta el tratado de paz de Guadalupe Hidalgo*, II, p. 138; Taibo, *op.cit.*, pp. 66-67.

20 Thomas Ricks Lindley, *Alamo Traces: New Evidence and New Conclusions* (Lanham: Republic of Texas Press, 2003), pp. 121-122.

21 Alessio Robles, *op.cit.* II, p. 121.

22 William C. Davis, *Three Roads to the Alamo: The Lives and Fortunes of David Crockett, James Bowie, and William Barret Travis* (New York: Harper Collins, 1998), p. 385.

23 ディキンソン夫人の回想による。Bill Groneman, *Eyewitness to the Alamo, revised edition* (Lanham: Republic of Texas Press, 2001), p. 88.

24 Moyano Paissa, *op.cit.,* p. 112.

25 February 24, 1836, W. B. Travis to Commandancy of the Alamo, in Lindley, *op.cit.,* pp. 96-97.; Wallace, Vigness, and Ward, *op.cit.,* p. 96.

26 *Ibid.* p. 96.

27 Lindley, *op.cit.,* p. 126; Groneman, *op.cit*., pp. 120-121.

28 *Ibid*., p. 128. このとき、セギンの農園から食糧を略奪したことがわかっている。

29 Jesús F. de la Teja, *A Revolution Remembered: The Memoirs and Selected Correspondence of Juan N. Seguín* (Austin: Texas State Historical Association, 2002), pp. 25-26.

30 Lindley, *op.cit.,* p. 130. リンドリーは、ゴンサレスからの援軍を三四人としているが、通常、三二人と考えられている。

31 *Ibid*., p. 134. セギンの部下としてアラモ砦に当初から来ていたテハノの多くが、セギンが使者としてアラモ砦を出たあと、まもなく脱出したとみられている。Antonio Manchaca, José María Arocha, Ambrosio Rodríquez, Eduardo Ramírez, Matias Curvier, Pedro Herrera, Lucio Enríques, Simon Arreola, Cesario Carmona, Ignacio Guerra, Vicente Zepada, Salvador Flores, Manuel María Flores, Manuel Flores, Nepomuceno Flores などがそれに該当すると考えられる。

32 *Ibid*., pp. 143-147.

33 *Ibid*., pp. 146-147.

34 アレシオ・ロブレスによれば、ゴリアッドでの犠牲者は四四五人であったとする。Alessio Robles, *op.cit.,* II, p. 138.

## 第四章

1 Stephen L. Hardin, *The Alamo 1836: Santa Anna's Texas Campaign* (Oxford: Osprey Publishing Ltd., 2001), p.38; Taibo, *op.cit.,* p.141.

2 Hardin, *op.cit*., p.37.

3 *Ibid*., pp. 41-45.

4 Peña, *op.cit*., p.53; Groneman, *op.cit*., pp. 202-215.

5 松井芳郎『国際法から世界を見る』（第三版、東信堂、二〇一一年）、二五三〜二五八頁。

6 Stephen L. Harden, *Texas Iliad: A Military History of the Texas Revolution, 1835-1836* (Austin: University of Texas Press, 1994), pp. 155, 203.

7 Peña, *op.cit.,* p. 53.

8 Ramón Martínez Caro, *Verdadera idea de la primera campaña de Tejas y sucesos de la acción de San Jacinto* (México: Imprenta de Santiago Peréz, 1837); Carlos E. Castañeda (trad.), *The Mexican Side of the Texan Revolution* (Selem: AYER Company, 1988[1928]), p. 106.

9 Harden, Texas Iliad, *op.cit.,* p. 148.

10 Groneman, *op.cit.,* pp. 212-217.

11 Rives, *op.cit.,* I, p. 330.

12 Antonio López de Santa Anna, *Manifiesto que de sus operaciones en la campaña de Tejas: y en su cautiverio dirige a sus conciudadanos* (Vera Cruz: Imp. Libertad, 1837). p.12.

13 *Ibid.,* pp. 13, 15, 52.

14 *Ibid.*, p. 10.
15 *Ibid.*, pp. 10-11.
16 Antonio López de Santa Anna (Ann Fears Crawford, ed.), *The Eagle: The Autobiography of Santa Anna* (Austin: State House Press, 1988), pp. 50-51.
17 Anderson and Cayton, *op.cit.*, p. 270.
18 Wallace, Vigness and Ward, *op.cit.*, p.48.
19 *Ibid.*, p. 61.
20 Santa-Anna, Manifesto..., *op.cit.*, p. 54.
21 Chariton, *op.cit.*, p. 140. サンタアナは次の軍律にもとづいて、テキサスの暴徒化を鎮圧しようとした。
1 すべての武装化している反逆者は死刑とし、その財産は没収する。
2 一八二八年以降テキサスに来て武装化している場合は、これを侵害者とみなし、死刑とする。
3 所有者不在の土地は戦いに参加したメキシコ兵に割り当てる。
4 兵士が不要とした土地は、一エーカーにつき、一ドルで移民に払い下げる。
5 ただし、4は米国人には認めない。
6 すべての戦争にかかった費用はテキサス側に請求する。
7 すべての奴隷は自由民となる。
22 Moyano Pahissa, *op.cit.*; Taibo, op.cit.
23 Groneman, *op.cit.*, pp. 60-63; Wilfrid Hardy Callcott, *Santa Anna: The Story of an Enigma Who Once Was Mexico* (Hamden: Archon Books, 1964 [1936]), p. 181. サンタアナの、非情で残虐的な人格を否定するかのごとく、次のような説話が存在する。サンタアナはベンという黒人奴隷を米国から連れ帰り自由黒人の使用人として使っていたこと。また、サンタアナがテキサスで監禁されていたフェルプス家の息子がミエル遠征に参加しペロテ監獄で捕虜として監禁されたのを知ると、その彼を解放し、米国まで無事送り届けたという話。さらに、ジョン・ヒルという前科者の米国人少年を養子にして教育を受けさせたといわれている。

24 Scheina, *op.cit.*, p. 33; Rives, *op.cit.*, p. 359. サンタアナはオースティンやヒューストンの助言を受けてジャクソン米大統領に釈放を求めた。ジャクソンのテキサス政策については、山岸義夫『アメリカ膨張主義の展開――マニフェスト・デスティニーと大陸帝国』（勁草書房、一九九五年）、一五六頁。

25 William A. DePalo, *The Mexican National Army, 1822-1852* (College Station: Texas A&M University Press, 1997), p. 84; アレシオ・ロブレスは捕虜を二三五人としている。Alessio Robles, *op.cit.*, II, p. 280.

26 *Ibid.*, p. 281. 本件に関与しなかったことに対してテキサス政府は非難された。

**第五章**

1 Donald S. Frazier, *The United States and Mexico at War* (NY: Macmillan, 1998), pp. 6-7. 一八〇人から一八九人の間であったとされる。史料によっては一七〇人台もある。メキシコ人八人ないし九人が含まれていた。三月一日、ゴリアッドからの援軍三二人が最後に加わる。Richard Bruce Winders, *Crisis in the Southwest: The United States, Mexico, and the Struggle over Texas* (Wilmington: Scholarly Resources, 2002), p. 24.

2 拙稿「リオグランデ境界の軍事化と米墨戦争――テキサス戦争から米墨戦争までの戦間期を中心に」（『アメリカス世界のなかのメキシコ』天理大学アメリカス学会編所収、天理大学出版局、二〇一一年）、四九～六九頁。

3 Groneman, *op.cit.*, p. 28.

4 *Ibid.*, pp. 110-111.

5 Timothy M. Matovina, *The Alamo Remembered: Tejano Accounts and Perspectives* (Austin: University of Texas, 1995), p. 68.

6 Groneman , *op.cit.*, p. 28

7 カストリジョンであろうと思われるが、彼は将軍であるが、ディキンソン夫人の言説の原文通りにした。

8 本史料では詳細を述べていないが、他の史料によると、ディキンソン夫人を含む女性や子供たちは一晩ムスキスの家で拘束され、ブランケットとわずかな所持金が与えられた。翌昼、一行はサンタアナの面前に連れて行かれ、個別にサンタアナと会話した。そして全員の解放が認められ、ディキンソン夫人の場合は、娘のアンジェリーナとともに、アラモ砦をメキシコ軍の護衛隊の先導で離れたとされている。Matovina, *op.cit.*, pp. 66, 88.

9 一八七八年のチャールズ・エバーズによるディキンソン夫人へのインタビューでは、このネグロをジョーではなく、ベンと間違っている。Groneman , *op.cit.*, p. 97.

10 *Ibid.*, pp. 97, 100.

11 *Ibid.*, pp. 99-100.

12 *Ibid.*, pp. 62-63.

13 Taibo, *op.cit.*, p.102; Anderson and Cayton, *op.cit.*, p.270.

14 Raúl A. Ramos, *Beyond the Alamo, Forging Mexican Ethnicity in San Antonio, 1821-1861* (Chapel Hill: North Carolina Press, 2008), p. 162. メキシコ系のセギン（Juan Seguín）が最後、彼らの遺灰を埋葬したといわれている。

15 ディキンソン夫人の証言による。Groneman , *op.cit.*, p. 20.

16 *Ibid.*, p. 20

17 *Ibid.*, pp. 92-93.

18 *Ibid.*, p. 97.

19 *Ibid.*, pp. 98-101.

20 The Alamo Documentary: Investigates the History, Myth and Popular culture of the Alamo, Delta Entertainment Corporation, 2004. に詳しい。

21 Groneman , *op.cit.*, p. 99.

22 Matovina, *op.cit.,* p. 57.

23 ローズをめぐる論争については、Lindley, *op.cit.*, pp. 173-247.

24 Groneman , *op.cit.,* p. 83-84.

25 *Ibid*., p. 212.

26 Burt Hirschfeld, *After the Alamo: The Story of The Mexican War* (N.Y.: Julian Messner, 1966), p. 85.

27 Peña, *op.cit*., pp. 53-54; Groneman, *op.cit.,* pp. 210-211.

28 *Ibid*., p. 34

29 Frazier, *op.cit.,* pp. 6-7; Groneman, *op.cit.,* p. 20

30 Peña, *op.cit.,* p. 20.

**第六章**

1 Alessio Robles, *op.cit*., II, p. 125. 七〇人に減少した。

2 Rives, *op.cit*., I, p. 315. 唯一の捕虜ルーベン・ブラウン（Reuben R. Brown）はマタモロスに連行され、約一年後に脱走した。Alessio Robles, *op.cit.,* II, p. 129.

3 Rives, *op.cit.,* I, p. 331; Alessio Robles, *op.cit.,* II, p. 132. ゴリアッドまでの道中でワード軍の一派であるキング隊長率いる四七人のテキサス軍と交戦した。一六人が死亡、残りの三一人が捕虜になった。

4 Filisola, *op.cit.,* II, p. 198.

5 *Ibid*., p. 198.

6 Rives, *op.cit.,* I, p. 332.

7 Alessio Robles, *op.cit.,* II, p. 137. ウレア軍の死者は一一人、負傷者はホセ・マリア・バジェステロ（José María Ballestero）隊長を含む四九人。

8 Casteñeda, *op.cit.*, pp. 238-240.

9 アレシオ・ロブレスによると、四〇〇人強、このうち負傷者は九七人。

10 Alessio Robles, *op.cit.*, II, p. 135. Red Rovers, New Orleans' Grays, Mustangs from Kentaucky, Mobile Grays from Alabama が含まれていた。

11 José Urrea, *Diario de las operaciones militares de la división que al mando de General José Urrea hizo la campaña de Tejas* (Victoria de Durango: Imprenta del gobierno a cargo de Manuel González, 1838), p. 60.

12 *Ibid.*, p. 60; Rives, *op.cit.*, I, p. 334. マタモロス遠征隊は五三〇人、ゴリアッド虐殺は四四五人、Alessio Robles, *op.cit.*, II, p. 138, Taibo, *op.cit.*, pp. 66-67. ハーディンによると、殺されたのは三四二人、二八人が脱走した。その他八三人が処刑リストからはずされた。Hardin, *The Alamo 1836*, *op.cit.*, p. 61.

13 Castañeda, *op.cit.*, p. 242.

14 テキサス側の数値は四〇七人。

15 Hardin, *Texas Iliad*, *op.cit.*, p.174.

16 Rives, *op.cit.*, I, p. 335.

17 Joseph Barnard と John Shackelford の二人の外科医であった。

18 メキシコ女性のフランシタ・アラベス（Francita Alavez）は「ゴリアッドの天使」として二〇人ほどのテキサス兵を助けたといわれている。www.tamu.edu/faculty/ccbn/dewitt/goliadangel.htm 加えて、デラガルサ（Carlos de la Garza）隊長は少なくともテキサス在住のアイルランド系農園主を助けたとされる。Craig H. Roell, *Remember Goliad!* (Austin: Texas State Historical Association, 1994), p. 72.

19 Santa Anna, *Manifiesto*, *op.cit.*, pp.13-15, 51-52.

20 Urrea, *op.cit.*, p.22; Castañeda, *op.cit.*, pp.242, 244.

**第七章**

1 Frazier, *op.cit.*, pp. 368-369.
2 James W. Pohl, *The Battle of San Jacinto* (Texas: Texas State Historical Association, 1989), p. 12.
3 *Ibid.*, pp. 14-16.
4 *Ibid.*, p. 24.
5 *Ibid.*, p. 26.
6 *Ibid.*, p. 27.
7 *Ibid.*, p. 28.
8 *Ibid.*, p. 37.
9 Filisola, *op.cit.*, p. 224.
10 *Ibid.*, p. 225.
11 Pohl, *op.cit.*, p. 43. テキサス軍准将ラスク（Thomas Jefferson Rusk）はカストリジョンを救おうとしたといわれている。例えば、これを想起させるシーンが一瞬ではあるが、二〇〇四年の映画『アラモ』でも登場する。
12 Filisola, *op.cit.*, pp. 225-226; Santa Anna, *Manifesto*, *op.cit.*, pp. 65-67.
13 Filisola, *op.cit.*, pp. 228-229.
14 Pohl, *op.cit.*, p. 45.
15 *Ibid.*, p. 43.
16 大泉光一、牛島万編『アメリカのヒスパニック＝ラティーノ社会を知るための五五章』（明石書店、二〇〇五年）、三三八頁。
17 Lindley, *op.cit.*, pp. 18-19.
18 Hardin, *The Alamo 1836*, *op.cit.*, p.72.

19 Lindley, *op.cit.*, p. 20.
20 Hardin, *The Alamo 1836*, *op.cit.*, p. 73.
21 William C. Binkley, *The Expansionist Movement in Texas, 1836-1850* (NY: Da Capo Press, 1970), p. 17.
22 Gene M. Brack, *Mexico Views Manifest Destiny, 1821-1846: An Essay on the Origins of the Mexican War* (Albuquerque: University of New Mexico Press, 1975), p. 75.
23 Rives, *op.cit.*, I, p.377.
24 *Ibid.*, p. 378.
25 Pletcher, *op.cit.*, p.71.
26 Rives, *op.cit.*, I, pp. 374-375.
27 Hardin, *Texas Iliad*, *op.cit.*, p.283.
28 Stephenson, *op.cit.*, p.90.
29 Justin Smith, *Annexation of Texas* (NY: Barns & Noble, 1941[1911]), p. 27.
30 Anson Johns, *Memoranda and Official Correspondence Relating to the Republic of Texas, its History and Annexation* (NY: D. Appleton & Co., 1859), p. 39.

**第八章**

1 Richard R. Flores, *Remembering The Alamo: Memory, Modernity, and The Master Symbol* (Austin: University of Texas Press, 2002), p. 101.
2 Hardin, *The Alamo 1836*, *op.cit.*, p. 77.
3 Taibo, *op.cit.*, p. 206.
4 *Ibid.*, p. 87; Davis, *op.cit.*, p. 285.

5 Holly Beachley Brear, *Inherit the Alamo: Mith and Ritual at an American Shrine* (Austin: University of Texas Press, 1995), p. 62.

6 *Ibid*., p. 52.

7 *Ibid*., p. 48.

8 *Ibid*., p. 49. María de J. Rodríguez Guerrero, "México, independencia, mujeres, olvido, Resistencia, rebeldía, dignidad y rescate,"Alegatos, número 73 (México, septiembre/ diciembre de 2009), p. 359.

9 *Ibid*., p. 359.

10 Brear, *op.cit*., pp. 53-55.

11 Lon Tincle, *13 Days to Glory* (N.Y.: McGraw-Hill, 1958), pp. 105-106.

12 Callcott, *op.cit*., pp. 131-132.

13 Scheina, *op.cit*., p. 29.

14 Fowler, *Santa Anna of Mexico*, *op.cit*., p. 92.

15 Brear, *op.cit*., pp. 56-57.

**第九章**

1 Hogan, *op.cit*., p. 10.

2 Taibo, *op.cit*., p. 102.

3 テキサス戦争で活躍したメキシコ系テキサス人（テハノ）。その名声は、セギン（英語風にはシギン）という町が現在テキサス州に存在していることからも窺い知ることができる。

4 Montejano, *op.cit*., p. 31.

5 Andrew C. Isenberg, "Between Mexico and the United States: From Indios to Vaqueros in the Pastoral

Borderlands," in John Tutino, ed., *Mexico and Mexicans in the Making of the United States* (Austin: University of Texas Press, 2012), pp. 83-84.

6 Montejano, *op.cit.,* p. 52.

7 Frederick Law Olmsted, *A Journey through Texas, Or a Saddle-Trip on the Southwestern Frontier* (Lincoln: University of Nebraska Press, 2004[1857]), pp. 160-167.

8 José Antonio Navarro (David R. McDonald and Timothy M. Matovina, eds.), *Defending Mexican Valor in Texas: José Antonio Navarro's Writings, 1853-1857* (Austin: State House Press, 1995), p. 25.

9 Montejano, *op.cit.*, pp. 26-29.

10 Isenberg, *op.cit.*, p.84.

11 Terry G. Jordan, *Trails to Texas: Southern Roots of Western Cattle Ranching* (Lincoln: University of Nebraska Press, 1981), p.72.

12 Montejano, *op.cit.*, p. 54.

13 John William Malon, *An Album of the American Cowboy* (N.Y.: Franklin Watts, Inc, 1971), pp. 46-47

14 Montejano, *op.cit.*, p. 54.

15 *Ibid.*, p. 53.

16 Miller, *op.cit.*, pp. 220-221.

17 *Ibid.*, p. 218.

18 Flores, *op.cit.*, p. 65.

19 *Ibid.*, p. 84.

# 参考文献


Anderson, Fred and Andrew Cayton, *The Dominion of War: Empire and Liberty in North America, 1500-2000*, NY, Viking, 2005.

Alessio Robles, Vito, *Coahuila y Texas, desde la consumación de la independencia hasta el tratado de paz de Guadalupe Hidalgo*, 2vols., México, Editorial Porrúa, 1945.

Alonso, Ana María, *Thread of Blood: Colonialism, Revolution, and Gender on Mexico's Northern Frontier*, Tucson, University of Arizona Press, 1995.

Binkley, William C., *The Expansionist Movement in Texas, 1836-1850*, NY, Da Capo Press, 1970.

Bosch García, Carlos, *Material para la historia diplomática de México: México y los Estados Unidos, 1820-1848*, México, Universidad Nacional Autónoma de México, 1957.

———, *La historia de las relaciones entre México y los Estados Unidos, 1819-1848*, México, Universidad Nacional Autónoma de México, 1974.

Brack, Gene M., *Mexico Views Manifest Destiny, 1821-1846: An Essay on the Origins of the Mexican War*, Albuquerque, University of New Mexico Press, 1975.

Brear, Holly Beachley, *Inherit the Alamo: Myth and Ritual at an American Shrine*, Austin, University of Texas Press, 1995.

Callcott, Wilfrid Hardy, *Santa Anna: The Story of an Enigma Who Once Was Mexico*, Hamden, Archon Books, 1964 [1936].

Caro, Ramón Martínez, *Verdadera idea de la primera campaña de Tejas y sucesos de la acción de San Jacinto*,

México, Imprenta de Santiago Pérez, 1837.

Castañeda, Carlos E., *The Mexican Side of the Texan Revolution*, Selem, AYER Company, 1988 [1928].

Gambrell, Herbert, *Anson Johns: The Last President of Texas*, Austin, University of Texas Press, 1988 [1964].

Chariton, Wallace O., *Forget the Alamo,* Plano, Texas, Wordware Publishing, Inc., 1990.

Cotner, Thomas Ewing, *The Military and Political Career of José Joaquín de Herrera, 1792-1854*, NY, Greenwood Reprinting, 1969 [1949].

Davis, William C., *Three Roads to the Alamo: The Lives and Fortunes of David Crockett, James Bowie, and William Barret Travis*, NY, Harper Collins, 1998.

DePalo, William A., *The Mexican National Army, 1822-1852*, College Station, Texas A&M University Press, 1997.

Dublán, Manuel, y José María Lozano (eds.), *Legislación Mexicana ó colección completa de las disposiciones legistrativas expedidas desde la independencia de la república*, *V*, 34 vols., México, Imprenta del Comercio a cargo de Dublán y Lozano Hijos, 1876.

Filisola, Vicente, *Memoirs for the History of the War with Texas,* Austin, Eakin Press, 2vols, 1987.

Flores, Richard R., *Remembering The Alamo: Memory, Modernity, & the Master Symbol*, Austin, The University of Texas Press, 2002.

Fowler, Will, "El pesamiento político de los santanistas, 1821-1855," en Ponencia presentada en el Congreso de homenaje a la Dra. Josefina Z. Vázquez de El Colegio de México, 11-13 de marzo de 1997.

———, *Mexico in the Age of Proposals, 1821-1853*, Westport, Greenwood Press, 1998.

———, *Santa Anna of Mexico*, Lincoln, University of Nebraska Press, 2007.

Frazier, Donald S. (ed.), *The United States and Mexico at War*, NY, Macmillan, 1998.

Garland, Sherry, *In the Shadow of the Alamo*, Orland, Galliver Books, 2001.

González Ramos, Manuel Humberto, *Historia del Puerto de Bagdad,* Matamoros, Imprenta Impresa, 2005.

Greenberg, Amy S., *Manifest Manhood and the Antebellum American Empire,* Cambridge, Cambridge University Press, 2005.

Groneman, Bill, *Eyewitness to the Alamo, revised edition*, Lanham, Republic of Texas Press, 2001.

Harden, Stephen L., *Texas Iliad: A Military History of the Texas Revolution, 1835-1836*, Austin, University of Texas Press, 1994.

———, *The Alamo 1836: Santa Anna's Texas Campaign*, Oxford, Osprey Publishing Ltd., 2001.

Harrigan, Stephen, *The Gates of the Alamo*, N.Y., Peguin Books, 2001.

Herrera, Octavo, "1836-1846. Una dácada de frontera indefinida entre México y Estados Unidos (Texas), conformación geopolítica internacional y repercusiones regionales en torno al Río Bravo del Norte, "Ponencia presentada en el Congreso Internacional Historia y Nación, 11-13 de marzo de 1997.

Hirschfeld, Burt, *After the Alamo: The Story of The Mexican War*, NY, Julian Messner, 1966.

Hogan, William Ransom, *The Texas Republic: A Social and Economic History*, Austin, The University of Texas Press, 1969.

Isenberg, Andrew C., "Between Mexico and the United States: From Indios to Vaqueros in the Pastoral Borderlands," in Tutino, John, (ed.), *Mexico and Mexicans in the Making of the United States,* Austin, University of Texas Press 2012.

Jackson, Ron J., and Lee Spencer White, *Joe: The Slave Who Became An Alamo Legend*, Norman, University of Oklahoma Press, 2015.

Jay, William, *A Review of the Causes and Consequences of the Mexican War,* Boston, B.B. Mussey and Company, 1849.

Jelineck, Donald A., *Survivor of the Alamo, The Saga of Moses Rose*, Second edition, Jelinek, 2014.

Johns, Anson, *Memoranda and Official Correspondence Relating to the Republic of Texas, Its History and Annexation,* NY, D. Appleton & Co., 1859.

Jordan, Terry G., *Trails to Texas: Southern Roots of Western Cattle Ranching*, Lincoln, University of Nebraska Press, 1981.

Krauze, Enrique, *Siglo de caudillos: Biografía política de México (1810-1910),* México, Tusquets Editores, 1994.〔エンリケ・クラウセ（大垣貴志郎 訳）『メキシコの百年 1810-1910――権力者の列伝』現代企画室、二〇〇四年〕

Lindley, Thomas Ricks, *Alamo Traces: New Evidence and New Conclusions,* Lanham, Republic of Texas Press, 2003.

Livermore, Abie A., *The War with Mexico Reviewed*, Boston, William Crosby and H.P. Nichols, 1850.

León, Arnoldo de, *They Called Them Greasers: Anglo Attitude toward Mexicans in Texas, 1821-1900*, Austin, University of Texas Press, 1983.

Madame Calderón de la Barca, *La vida en México, durante una residencia de dos años en ese país* (México: Editorial Porrúa, 1987), pp. 25-35.

Malon, John William, *An Album of the American Cowboy,* NY, Franklin Watts, Inc, 1971.

Matovina, Timothy M., *The Alamo Remembered: Tejano Accounts and Perspectives*, Austin, University of Texas, 1995.

May, Robert E., *Manifest Destiny's Underworld: Filibustering in Antebellum America,* Chapel Hill, University of North Carolina Press, 2002.

Miller, Char, "Tourist Trap Visitors and the Modern San Antonio Economy," in Rothman, Halk K., (ed.), *The Culture of Tourism, the Tourism of Culture: Selling the Past to the Present in the American Southwest,*

Albuquerque, University of New Mexico Press, 2003.

Momaday, N. Scott, Thomas A. Drain and David Wakely, *A Sense of Mission: Historical Churches of the Southwest*, San Francisco, Chronicle Books, 1994.

Montejano, David, *Anglos and Mexicans in the Making of Texas, 1836-1986*, Austin, University of Texas Press, 1987.

———, "Mexican Merchants and Teamsters on the Texas Cotton Road, 1862-1865, " in Tutino, John, ed., *Mexico and Mexicans in the Making of the United States*, Austin, University of Texas Press, 2012, pp. 141-170.

Moyano Pahissa, Ángela *El comercio de Santa Fe y la Guerra del 47,* México, Secretaría Educación Pública, 1975.

———, Ángela, *La pérdida de Texas,* México, Planeta, 1991.

Nance, Joseph M., *After San Jacinto, The Texas-Mexican Frontier 1836-1841*, Austin, University of Texas Press, 1963.

Navarro, José Antonio (David R. McDonald and Timothy M. Matovina, eds.), *Defending Mexican Valor in Texas: José Antonio Navarro's Writings, 1853-1857*, Austin, State House Press, 1995.

Olmsted, Frederick Law, *A Journey through Texas, Or a Saddle-Trip on the Southwestern Frontier*, Lincoln, University of Nebraska Press, 2004 [1857].

Peña, José Enrique de la, *With Santa Anna in Texas: A Personal Narrative of the Texas Revolution,* College Station, Texas A & M University Press, 1975.

Perez, Emma, *Forgetting the Alamo, or, Blood Memory*, Austin, University of Texas Press, 2009.

Pletcher, David M., *The Diplomacy of Annexation: Texas, Oregon and the Mexican War*, Columbia, University of Missouri Press, 1973.

Pohl, James W., *The Battle of San Jacinto,* Autin, Texas State Historical Association, 1989.

Price, Glenn W., *Origins of the War with Mexico: The Polk-Stockton Intrigue*, Austin, University of Texas Press, 1967.

Ragsdale, Crystal Sasse, *Women and Children of the Alamo*, Abilene, Texas, State House Press, 1994.

Ramírez, Manuel Ceballos, "La República del Río Grande: Historiografía y Utilización de la Historia," ponencia presentada en el Congreso Internacional Historia y Nación, 11-13 de marzo de 1997.

Ramos, Raúl A., *Beyond the Alamo: Forging Mexican Ethnicity in San Antonio, 1821-1861*, Chapel Hill, North Carolina Press, 2008.

Rives, George Lockhart, *The United States and Mexico: A History of the Relations between the Two Countries from the Independence of Mexico to the Close of the War with the United States*, NY, Charles Scribner's Sons, 2vols, 1913.

Roa Bárcena, José María, *Recuerdos de la invasión norteamericana*, 3vols., México, Editorial Porrúa, 1947.

Robenalt, Jeffery, *Historic Tales from the Texas Republic: A Glimpse of Texas Past*, Charleston, The History Press, 2013.

Rodríguez Guerrero, María de J., "México, independencia, mujeres, olvido, resistencia, rebeldía, dignidad y rescate," *Alegatos*, número 73, México, septiembre/ diciembre de 2009.

Roell, Craig H., *Remember Goliad!*, Austin, Texas State Historical Association, 1994.

———, *Matamoros and the Texas Revolution*, Denton, Texas State Historical Association, 2013.

Rothman, Halk K., (ed.), *The Culture of Tourism, the Tourism of Culture: Selling the Past to the Present in the American Southwest*, Albuquerque, University of New Mexico Press, 2003

Santa Anna, Antonio López de (Ann Fears Crawford, ed.), *The Eagle: The Autobiography of Santa Anna*, Austin, State House Press, 1988.

———, *Manifiesto que de sus operaciones en la campaña de Tejas: y en su cautiverio dirige a sus conciudadanos*, Vera Cruz, Imp. Libertad, 1837.

Scheina, Robert L., *Santa Anna: A Curse upon Mexico*, Washington, D.C.: Brassey's, Inc, 2002.

Siegel, Stanley, *A Political History of the Texas Republic, 1836-1845*, NY, Haskell House Publishes, 1973 [1956].

Smith, Justin, *Annexation of Texas*, NY, Barns & Noble, 1941 [1911].

Stephenson, Nathaniel W., *Texas and the Mexican War: A Chronicle of the Winning of the Southwest*, New Haven, Yale University Press, 1921.

Taibo, Paco Ignacio, *El Alamo: Una historia apta para Hollywood,* México, Planeta, 2011.

Teja, Jesús F. de la, "La colonización e independencia de Texas, El punto de vista tejano," en Schumacher, Ma. Esther (ed.), *Mitos en las relaciones México-Estados Unidos*, México, Fondo de Culturas Económica, 1994.

———, *A Revolution Remembered: The Memoirs and Selected Correspondence of Juan Seguín*, Austin, Texas State Historical Association, 2002.

Tenenbaum, Barbara, *The Politics of Penury: Debts and Taxes in Mexico, 1821-1856*, Albuquerque, University of New Mexico Press, 1986.

Tincle, Lon, *13 days to Glory*, N.Y., McGraw-Hill, 1958.

Tornel, José María, *Carta del General José María Tornel a sus amigos, sobre un artículo inserto en el Cosmopolita del día 17 de agosto del presente año,* México, Impreso por Ingacio Cumplido, 1839.

Urrea, José, *Diario de las operaciones militares de la división que al mando del General José Urrea hizo la campaña de Tejas,* Victoria de Durango, Imprenta del gobierno a cargo de Manuel Gonzáles, 1838.

Vázquez, Josefina Zoraida, "La supuesta República del Río Grande," en *Historia Mexicana*, (141), vol.36:1, julio-septiembre, 1986.

———, "Iglesia, ejército y centralismo," *Historia Mexicana*, 39:1, 1989.

———, "Colonización y Pérdida de Texas", en Ma Esther Schumacher (ed.), *Mitos en las relaciones México-Estados Unidos*, México, Fondo de Cultura Económica, 1994.

———, y Lorenzo Meyer, *México frente a Estados Unidos: Un ensayo histórico, 1776-2000*, México, Fondo de Cultura Económica, 2001.

Vázquez Mantecón, María del Carmen, *La palabra del poder: vida pública de José María Tornel (1795-1853)*, México, Universidad Nacional Autónoma de México, 1997.

Velasco Márquez, Jesús, *La Guerra del 47 y la opinion pública, 1845-1848*, México, Secretaría de Educación Pública, 1975.

Wallace, Ernest, David M. Vigness and George B. Ward, *Documents of Texas History*, Austin, Texas State Historical Association, 2002.

Williams, Amelia W., *The Alamo Defenders: A Critical Study of the Siege of the Alamo & the Personnel of Its Defenders*, Texas, Copano Bay Press, 2010 [1931].

Winders, Richard Bruce, *Crisis in the Southwest: The United States, Mexico, and the Struggle over Texas*, Wilmington, Scholarly Resources, 2002.

Wobeser, Gisela von (coordinación), *Historia de México*, México, Fondo de Cultura España, 2010.

牛島 万「テキサス併合とメキシコ――アメリカの膨張的発展に対するエレラの対応」『スペイン史研究』第七号、一九九一年。

―――「テキサスにおけるアングロ系とメキシコ系の相克の歴史」『アメリカス学の現在』天理大学アメリカス学会編所収、二〇〇三年。

――「テキサス併合成立過程の再検討――テキサス共和国大統領ジョンズの政治的立場を中心に」『アメリカス研究』第八号、天理大学アメリカス学会編所収、二〇〇三年。

――「リオグランデ境界の軍事化と米墨戦争――テキサス戦争から米墨戦争までの戦間期を中心に」『アメリカス世界のなかのメキシコ』天理大学アメリカス学会編所収、天理大学出版局、二〇一一年。

――「米墨戦争原因論に関する実証的研究――メキシコ軍国主義下での軍閥間抗争と主戦論形成を中心に」博士号請求論文、京都外国語大学、二〇一三年三月。

――「テキサスの象徴としての『カウボーイ』と『ロングホーン』の形成過程」『アメリカスのまなざし――再魔術化される観光』天理大学アメリカス学会編所収、天理大学出版部、二〇一四年。

――「アラモ砦事件再考」『国際言語文化』創刊号、京都外国語大学国際言語平和研究所編所収、二〇一五年。

――「『アラモ砦』事件をめぐる史実と伝説の相克――生き証人による語りの伝承における問題を中心に」『成城大学共通教育論集』第七号、二〇一五年。

――「アラモ砦の観光化とサンアントニオの観光文化のテックス・メックス化――都市計画とメキシコ料理を中心に」『アメリカス研究』第二一号、天理大学アメリカス学会編所収、二〇一六年。

――「アントニオ・ロペス・デ・サンタアナの人物像――メキシコのカウディージョ論再考」『アンドラーデ先生追悼記念論文集』二〇一七年。

――「二〇一六年米国大統領選挙におけるヒスパニック／ラティーノ票の普遍的特徴とその変容――各種アンケート調査結果をもとに」『日本学研究』第二一号一巻、国際言語文化学会編所収、二〇一七年。

Ushijima, Takashi, "Dos estereotipos de hispano/latinos decendientes de México en la historia de los conflictos étnicos en el sudoeste de Estados Unidos: En torno a Juan Seguín y Joaquín Murrieta," 『京都外国語大学研究論叢』LXXXIV, 二〇一五年。

大泉光一・牛島万編著『アメリカのヒスパニック＝ラティーノ社会を知るための55章』明石書店、二〇〇五年。

大垣貴志郎『物語 メキシコの歴史――太陽の国の英傑たち』中公新書、二〇〇八年。

国本伊代『メキシコ革命とカトリック教会』中央大学出版部、二〇〇九年。

ゴンサレス、マニュエル（中川正紀訳）『メキシコ系米国人・移民の歴史』明石書店、二〇一三年。

冨所隆治『テキサス併合史――合衆国領土膨張の軌跡』有斐閣出版サービス、一九八四年。

――『多文化主義と共生――新しい歴史教育の道標』溪水社、二〇〇〇年。

中野達司『メキシコの悲哀――大国の横暴の翳に』松籟社、二〇一〇年。

福本保信『黒人奴隷法形成とその背景――アメリカ西南部における』西南学院大学研究所、一九八三年。

松井芳郎『国際法から世界を見る』（第三版）東信堂、二〇一一年。

山岸義夫『アメリカ膨張主義の展開――マニフェスト・デスティニーと大陸帝国』勁草書房、一九九五年。

――「J・タイラーとテキサス併合問題」『金沢大学文学部論集・史学科篇』第八号、一九八八年。

## 映像資料

*Martyrs of the Alamo*, William Christy Cabanne, 1915
『アラモ』監督・主演ジョン・ウェイン、一九六〇年
『アラモ2』監督バート・ケネディ、一九八七年
『アラモ――自由の価値』（Alamo: The Price of Freedom）監督キース・メリル、一九八八年
『アラモ』監督ジョン・リー・ハンコック、二〇〇四年
『ワン・マンズ・ヒーロー』監督ランス・フール、一九八八年
*The Alamo Documentary: Investigates the History, Myth and Popular Culture of the Alamo*, Delta Entertainment Corporation, 2004.

**特別資料・一次資料**

University of Texas at Austin, Benson Latin American Collection, Rare Books and Manuscripts Reading Room.
University of Texas at Austin, Perry-Castañeda Library.

### な行



### は行



### ま行



### や行



### ら行

### ま行

マイラム、ベンジャミン（Milam, Benjamin R.） 47
マダム・カンデラリア（Andrea Castañón de Villanueva/ Madame Candelaria） 106-9, 111
マーティン、アルバート（Martin, Albert） 74
マーティン、ウィリー（Martin, Wylie） 136
ムスキス、ラモン（Músquiz, Ramón） 43, 100
ムリエタ、ホアキン（Murieta, Juaquín） 182
メヒア、ホセ・アントニオ（Mejía, José Antonio） 49
モーガン、エミリー（イエロー・ローズ）（Morgan, Emily (Yellow Rose)） 106, 172, 174, 175
モラレス、フアン（Morales, Juan） 80, 122
モーリス、ロバート（Morris, Robert C.） 50
モレロス、ホセ・マリア（Morelos y Pavón, José María） 22

### や行

山岸義夫 7, 208

### ら行

ラマー、ミラボー（Lamar, Mirabeau Buonaparte） 92
ラミレス・イ・セスマ、ホアキン（Ramírez y Sesma, Joaquín） 53, 54, 80, 82, 114, 135-7
リエゴ、ラファエル（Riego y Núñez, Rafael del） 23
リンドリー、トマス・リックス（Lindley, Thomas Ricks） 76, 115, 145
ルイス、フランシスコ（Ruiz, Fancisco） 28, 40, 48, 49, 52-4, 80, 107, 109, 122, 188
レムス、ペドロ（Lemus, Pedro） 44
ローズ、ルイス・モーゼズ（Louis, Moses Rose） 109
ロメロ、ホセ・マリア（Romero, José María） 80

### わ行

ワシントン、ジョージ（Washington, George） 34, 49, 98, 137, 141, 142, 145, 151, 172
ワード、ウィリアム（Ward, William） 121, 122, 124

## 事項索引

### あ行

アダムズ＝オニス条約 19, 22
アナワック 69
アビリン 189
アメリカズ・タワー 193
『アラモ』 8, 82, 85, 99, 100, 112, 157-61, 175, 207, 208
『アラモ——自由の価値』 176
アラモ砦事件 3-8, 17, 33, 57-9, 62, 64-6, 71, 75, 76, 83, 85, 90, 91, 96, 97, 113, 116, 117, 128-130, 151, 153, 159, 175, 179, 182, 198, 199, 204-6, 209, 211, 224
—伝説や神話 57
アラモ砦を忘れるな 92
『アラモの殉教者』 13, 15, 153, 164, 165, 171, 206
「アラモ村」 208
憐みの情 90
移動放牧 189
異邦人 35
インディアン排斥法 70
エコツーリズム 195
越境人 163, 164
エンプレサリオ 25

（Travis, Charles Edward） 69, 70
トランプ、ドナルド（Trump, Donald） 3
ドリスコル、クララ（Driscoll, Clara） 199
トルネル、ホセ・マリア（Tornel, José María） 38, 101

## な行

ナバロ、ホセ・アントニオ（Navarro, José Antonio） 28, 187
ナポレオン（Napoléon Bonaparte） 21, 22, 34
ニール、ジェームズ（Neill, James C.） 52
ノーラン、フィリップ（Nolan, Philip） 22

## は行

バー、アロン（Burr, Aaron） 22
ハイスミス、ベン（Highsmith, Ben） 74, 75
バスケス、ラファエル（Vázquez, Rafael） 92
バットラー、アンソニー（Butler, Anthony） 60, 61, 147
バーネット、ディビッド（Burnet, David G.） 28, 137, 141, 143
バラガン、ミゲル（Barragán, Miguel） 40, 99, 100
バーレソン、エドワード（Burleson, Edward） 47, 50
バレラ、メルチョラ（Barrea, Melchora） 105, 154, 175, 176, 178
ビエスカ、アグスティン（Viesca, Agustín） 43
ビクトリア、グアダルーペ（Victoria, Guadalupe） 22, 122, 124, 125, 184, 188
ヒューストン、サムエル（Houston, Samuel） 27, 47, 49-52, 61, 65, 72-4, 92, 118-20, 122, 133-8, 140-51, 156, 157, 159-62, 167, 168, 172, 195, 208
ビューレン、ヴァン（Buren, Van） 60
ファウラー、ウィル（Fowler, Will） 38
ファニン、ジェームズ・ウィリアム（Fannin, James William） 46, 51, 72-4, 89, 109, 117-23, 125-31, 143, 224, 225
フアレス、ベニト（Juárez, Benito） 35
フィッシャー、ウィリアム（Fisher, William S.） 93
フェルナンド七世（Fernando VII） 23
フォーサイス、ジョン（Forsyth, John） 60, 148
ブスタマンテ、アナスタシオ（Bustamante, Anastasio） 26, 34, 37
フット、ヘンリー・ストゥアート（Foote, Henry Stuart） 150
ベーカー、モーズリー（Baker, Moseley） 136, 144
ベティ（Betti） 66, 89, 99, 157
ペーニャ、デ・ラ（Peña, José Enrique de la） 84-6, 113, 115
ベラメンディ、フアン・マルティン（Veramendi, Juan Martín） 68
ペリー、マシュー（Perry, Matthew C.） 4, 113
ベン（Ben） 97, 98, 101, 193, 194
ボイル、アンドリュー（Boyle, Andrew A.） 127
ポインセット、ジョエル（Poinsett, Joel R.） 59, 60, 147
ボウイ、ジェームズ（Bowie, James W.） 46, 52, 62, 66-8, 71, 72, 76, 82, 88, 89, 97-9, 103-6, 108, 112, 118, 130, 157, 167, 171, 196, 212, 217
ポルティージャ、デ・ラ（Portilla, Nicolás de la） 65, 124, 125, 131

216, 221, 222
ゲインズ、エドマンド（Gaines, Edmund P.） 147-50
ゲレロ、ビセンテ（Guerrero, Vicente） 22, 23, 36, 37, 92, 139
コス、マルティン・ペルフェクト・デ（Cos, Martín Perfecto de） 29, 43, 44, 80, 138
ゴメス・ファリアス、バレンティン（Gómez Farías, Valentín） 28, 38-40
ゴメス・ペドラサ、マヌエル（Gómez Pedraza, Manuel） 37, 38
コルティナ、フアン（Cortina, Juan Nepomuceno） 182, 190
コルテス、グレゴリオ（Cortez, Gregorio） 182
ゴロスティサ、マヌエル・デ（Gorostiza, Manuel de） 147-9
ゴンザレス、ヘンリー・B（Gonzalez, Henry B.） 193

## さ行

サバラ、アドリアナ・デ（Zavala, Adriana de） 199
サバラ、ロレンソ・デ（Zavala, Lorenzo de） 28, 37, 96, 137, 199, 200
サム（Sam） 104
サンタアナ、アントニオ・ロペス・デ（Santa Anna, Antonio López de） 20, 23, 27-9, 31-40, 42, 44, 49, 51-5, 66, 79-81, 83-93, 96-102, 105, 106, 110, 112-4, 122-31, 134-45, 148-51, 154, 156, 158-69, 171-7, 182, 183, 198, 210, 215
—悪漢者 39, 52, 180, 182
—非人道性 88
—日和見主義 39, 88
—暴虐性 32, 79, 88, 129, 142
ジャクソン、アンドリュー（Jackson, Andrew） 60, 61, 70, 141
ジョー（Joe） 66, 88-91, 98-101, 105, 118, 121, 151, 157, 158, 183, 188
ジョンズ、アンソン（Johns, Anson） 151
ジョンソン、フランシス（Johnson, Francis W.） 47, 50, 51, 54, 120, 121
ズバー、ウィリアム（Zuber, William P.） 109
スミス、ジョン（Smith, John W.） 164, 165
スミス、ヘンリー（Smith, Henry） 52, 65, 72
スミス、エラスタス（聾者スミス）（Smith, Erastus "Deaf"） 136, 140, 155-60, 162-4, 172
セギン、フアン（Seguín, Juan） 28, 74, 76, 88, 111, 158, 161, 162, 164, 165, 184, 186, 187, 224

## た行

ディキンソン、スザナ（Dickinson, Susanna） 65, 98, 100-2, 104,-6, 109, 111, 116, 158, 159, 168, 173, 223
デイビス、ウィリアム（Davis, William C.） 115
ディミット、フィリップ（Dimitt, Philip） 49
テノリオ、アントニオ（Tenorio, Antonio） 44
ドゥケ、フランシスコ（Duque, Francisco） 80, 81
冨所隆治 7
トラヴィス、ウィリアム（Travis, William B.） 44, 52, 62, 63, 65, 66, 68-4, 76, 79, 88-90, 97-9, 101-4, 106-7, 109, 111, 112, 117, 119, 130, 142-6, 157, 162, 164, 167, 169-71, 176, 183, 196, 208, 211, 212, 216, 217
—「線引き」 72, 90, 106, 109, 111, 157, 177
トラヴィス、チャールズ・エドワード

# 索引

## 人名索引

### あ行


アダムズ、ジョン・クインシー（Adams, John Quincy） 59
アーチャ、ブランチ（Dr. Archer, Branch T.） 47
アマドール、フアン（Amador, Juan） 82
アラマン、ルカス（Alamán, Lucas） 26, 35
アルスベリ、フアナ・ナバロ（Alsbury, Juana Navarro） 66, 99
アルモンテ、フアン（Almonte, Juan N.） 85, 97, 100, 116, 137, 140, 141
アレン、ジェームズ（Allen, James） 75
アレン、ジョン（Allen, John M.） 141
アンプディア、ペドロ（Ampudia, Pedro） 93
イダルゴ、ミゲル（Hidalgo, Miguel） 20, 22, 33
イトゥルビデ、アグスティン（Iturbide, Agustín de） 23, 24
ウェイン、ジョン（Wayne, John） 8, 82, 98, 112, 157, 158, 160, 161, 207, 208
ウリサ、フェルナンド（Urriza, Fernando） 84
ウール、アドリアン（Woll, Adrian） 92
ウレア、ホセ（Urrea, José） 51, 53, 54, 65, 74, 85, 120-6, 128-31, 142
エスパルサ、エンリケ（Esparza, Enrique） 65, 107, 206
オースティン、スティーブン（Austin, Stephen F.） 19, 22, 24-7, 40, 46, 47, 49, 68, 95, 115, 128, 135, 148, 150, 183, 187, 195, 199
オルムステッド、フレデリック（Olmsted, Frederick） 186, 192


### か行


ガオナ、アントニオ（Gaona, Antonio） 54
カスタニェーダ、カルロス（Castañeda, Carlos E.） 128
カストリジョン、マヌエル・フェルナンデス（Castrillón, Manuel Fernández） 53, 81, 84-6, 113, 114, 131, 139
カーネス、ヘンリー（Karnes, Henry） 136
カミングス、レベッカ（Cummings, Rebecca） 69
ガライ、フランシスコ（Garay, Francisco） 126, 128
ガルサ、デ・ラ（Garza, de la） 131
ガルシア、マリア・イネス・デ・ラ・パス（García, María Inés de la Paz） 35, 175
ガルシア、マリアノ（Garcîa, Mariano） 138
カルデロン夫妻（Cardelón de la Barca） 36
カロ、ラモン・マルティネス（Caro, Ramón Martínez） 84, 85
キャス、ルイス（Cass, Lewis） 148
キング、アーモン（King, Amon B.） 122, 190, 195
クラウセ、エンリケ（Krauze, Enrique） 30
グラント、ジェームズ（Dr. Grant, James） 50, 54, 120, 121, 142
クロケット、デイビッド（Crockett, David） 62, 63, 65, 66, 70-2, 75, 76, 82, 83, 85, 98, 100, 102-4, 108, 112, 113, 115, 131, 157, 158, 167, 171, 196, 202, 206, 207, 212,

【著者略歴】

牛島　万（うしじま・たかし）

1965年京都市生まれ。金沢大学大学院文学研究科史学（西洋史）専攻修士課程修了、上智大学大学院外国語学研究科国際関係論専攻博士後期満期退学修了。「米墨戦争原因論に関する実証的研究」で京都外国語大学から論文博士（言語文化学）第一号を授与。城西国際大学専任講師、慶應義塾大学非常勤講師を経て、京都外国語大学准教授。専門はスペイン・ラテンアメリカ研究、米国ヒスパニック研究、米墨関係史、国際関係史。

主要業績は、『現代スペインの諸相――多民族国家への射程と相克』（編著、明石書店）、『アメリカのヒスパニック＝ラティーノ社会を知るための55章』（共編著、明石書店）、『現代スペインを知るための60章』（共著、明石書店）、『現代スペイン読本』（共著、丸善）、『国際経済事情』（共著、八千代出版）、『現代国際関係の基礎と課題』（共著、建帛社）、『アメリカス学の現在』（共著、行路社）、『アメリカス世界のメキシコ』（共著、天理大学出版部）、『アメリカスのまなざし――再魔術化される観光』（共著、天理大学出版部）、『ラテンアメリカのスペイン語――言語・社会・歴史』（ジョン・リプスキー著、共訳、南雲堂フェニックス）、『労働に反抗する労働者――人民戦線期のパリとバルセロナにおける労働』（マイケル・サイドマン著、共訳、大阪経済法科大学出版部）、『スペイン文化事典』（共著、丸善）、『世界地名大事典・中南アメリカ』（共著、朝倉書店）、「『戦争と平和』を知るための平和論序説」（共著）、「2016年米国大統領選挙におけるヒスパニック／ラティーノ票の普遍的特徴とその変容――各種アンケート調査結果をもとに」（単著）、他多数。

世界歴史叢書

**米墨戦争前夜のアラモ砦事件とテキサス分離独立**

**——アメリカ膨張主義の序幕とメキシコ**

2017年7月31日　初版第1刷発行

著　者　牛　島　万
発行者　石　井　昭　男
発行所　株式会社 明石書店

〒101-0021 東京都千代田区外神田6-9-5
電　話　03（5818）1171
FAX　03（5818）1174
振　替　00100-7-24505
http://www.akashi.co.jp

装　丁　明石書店デザイン室
印　刷　株式会社文化カラー印刷
製　本　本間製本株式会社

（定価はカバーに表示してあります）　ISBN978-4-7503-4523-9

JCOPY〈(社) 出版者著作権管理機構 委託出版物〉
本書の無断複写は著作権法上での例外を除き禁じられています。複写される場合は、そのつど事前に、(社) 出版者著作権管理機構（電話 03-3513-6969、FAX 03-3513-6979、e-mail: info@jcopy.or.jp）の許諾を得てください。

**現代スペインの諸相** 多民族国家への射程と相克
坂東省次監修　牛島 万編著　◉3800円

**アメリカの歴史を知るための63章【第3版】**
エリア・スタディーズ 10　富田虎男、鵜月裕典、佐藤 円編著　◉2000円

**メキシコを知るための60章**
エリア・スタディーズ 45　吉田栄人編著　◉2000円

**アメリカのヒスパニック＝ラティーノ社会を知るための55章**
エリア・スタディーズ 52　大泉光一、牛島 万編著　◉2000円

**現代メキシコを知るための60章**
エリア・スタディーズ 91　国本伊代編著　◉2000円

**メソアメリカを知るための58章**
エリア・スタディーズ 130　井上幸孝編著　◉2000円

**アメリカ先住民を知るための62章**
エリア・スタディーズ 149　阿部珠理編著　◉2000円

**カリブ海世界を知るための70章**
エリア・スタディーズ 157　国本伊代編著　◉2000円

---

**超大国アメリカ100年史** 戦乱・危機・協調・混沌の国際関係史
松岡 完　◉2800円

**映画で読み解く現代アメリカ** オバマの時代
越智道雄監修　小澤奈美恵、塩谷幸子編著　◉2500円

**トランスナショナル・ネーション アメリカ合衆国の歴史**
イアン・ティレル著　藤本茂生、山倉明弘、吉川敏博、木下民生訳　◉3100円

**ラティーノのエスニシティとバイリンガル教育**
牛田千鶴　◉3900円

**キューバ現代史** 革命から対米関係改善まで
後藤政子　◉2800円

**創造か死か** ラテンアメリカに希望を生む革新の5つの鍵
アンドレス・オッペンハイマー著　渡邊尚人訳　◉3800円

**アメリカを動かすスコッチ＝アイリッシュ**
21人の大統領と「茶会派」を生みだした民族集団
越智道雄　◉2800円

**アメリカの黒人保守思想** 反オバマの黒人共和党勢力
上坂 昇　◉2600円

〈価格は本体価格です〉

**メキシコ系米国人・移民の歴史**
世界歴史叢書　マニュエル・G・ゴンサレス著　中川正紀訳　◉6800円

**資本主義と奴隷制**
世界歴史叢書　エリック・ウィリアムズ著　山本 伸監訳　◉4800円

**征服と文化の世界史**　民族と文化変容
世界歴史叢書　トマス・ソーウェル著　内藤嘉昭訳　◉8000円

**民衆のアメリカ史【上巻】**　1492年から現代まで
世界歴史叢書　ハワード・ジン著　猿谷 要監修　富田虎男、平野 孝、油井大三郎訳　◉8000円

**民衆のアメリカ史【下巻】**　1492年から現代まで
世界歴史叢書　ハワード・ジン著　猿谷 要監修　富田虎男、平野 孝、油井大三郎訳　◉8000円

**アメリカの女性の歴史【第2版】**　自由のために生まれて
世界歴史叢書　S・M・エヴァンズ著　小檜山ルイ、竹俣初美、矢口祐人、宇野知佐子訳　◉6800円

**ブラジル史**
世界歴史叢書　ボリス・ファウスト著　鈴木 茂訳　◉5800円

**女性の目からみたアメリカ史**
世界歴史叢書　エレン・キャロル・デュボイス、リン・デュメニル著　石井紀子、小川真和子、北 美幸、倉林直子ほか訳　◉9800円

---

**肉声でつづる民衆のアメリカ史【上巻】**
世界歴史叢書　ハワード・ジン、アンソニー・アーノブ編　寺島隆吉、寺島美紀子訳　◉9300円

**肉声でつづる民衆のアメリカ史【下巻】**
世界歴史叢書　ハワード・ジン、アンソニー・アーノブ編　寺島隆吉、寺島美紀子訳　◉9300円

**マーシャル諸島の政治史**　米軍基地・ビキニ環礁核実験・自由連合協定
世界歴史叢書　黒崎岳大　◉5800円

**カナダ移民史**　多民族社会の形成
世界歴史叢書　ヴァレリー・ノールズ著　細川道久訳　◉4800円

**国連開発計画（UNDP）の歴史**　国連は世界の不平等にどう立ち向かってきたか
世界歴史叢書　クレイグ・N・マーフィー著　峯 陽一、小山田英治監訳　◉8800円

**朝鮮戦争論**　忘れられたジェノサイド
世界歴史叢書　ブルース・カミングス著　栗原 泉、山岡由美訳　◉3800円

**メキシコの歴史**　メキシコ高校歴史教科書
世界の教科書シリーズ 25　ホセ＝デ＝ヘスス・ニエト＝ロペスほか著　国本伊代監訳　島津 寛共訳　◉6800円

**キューバの歴史**　キューバ中学校歴史教科書　先史時代から現代まで
世界の教科書シリーズ 28　キューバ教育省編　後藤政子訳　◉4800円

〈価格は本体価格です〉

# ビッグヒストリー
## われわれはどこから来て、どこへ行くのか
### 宇宙開闢から138億年の「人間」史

デヴィッド・クリスチャン、シンシア・ストークス・ブラウン、クレイグ・ベンジャミン 著
長沼毅 日本語版監修　石井克弥、竹田純子、中川泉 訳
A4判変型／並製／424頁／オールカラー　◎3700円

最新の科学の成果に基づいて138億年前のビッグバンから未来にわたる長大な時間の中に「人間」の歴史を位置づけ、それを複雑さが増大する「8つのスレッショルド（大跳躍）」という視点を軸に読み解いていく、ビッグヒストリーのオリジナルテキスト。

● 内容構成 ●

序章　ビッグヒストリーの概要と学び方
第1章　第1・第2・第3スレッショルド：宇宙、恒星、新たな化学元素
第2章　第4スレッショルド：太陽、太陽系、地球の誕生
第3章　第5スレッショルド：生命の誕生
第4章　第6スレッショルド：ホミニン、人間、旧石器時代
第5章　第7スレッショルド：農業の起源と初期農耕時代
第6章　小スレッショルドを経て：都市、国家、農耕文明の出現
第7章　パート1　農耕文明時代のアフロユーラシア
第8章　パート2　農耕文明時代のアフロユーラシア
第9章　パート3　農耕文明時代のその他のワールドゾーン
第10章　スレッショルド直前：近代革命に向けて
第11章　第8のスレッショルドに歩み入る：モダニティ（現代性）へのブレークスルー
第12章　アントロポシーン：グローバリゼーション、成長と持続可能性
第13章　さらなるスレッショルド？：未来のヒストリー
「ビッグヒストリー」を味わい尽す［長沼毅］

**フィデル・カストロ自伝　勝利のための戦略**
キューバ革命の闘い
フィデル・カストロ・ルス著　山岡加奈子、田中 高、工藤多香子、富田君子訳　◎4800円

**キューバ革命勝利への道　フィデル・カストロ自伝**
フィデル・カストロ・ルス著　工藤多香子、田中 高、富田君子訳　◎4800円

**日系アメリカ移民 二つの帝国のはざまで**　忘れられた記憶 1868-1945
東栄一郎著　飯野正子監訳　飯野朋美、小澤智子、北脇実千代、長谷川寿美訳　◎4800円

**現代アメリカ移民第二世代の研究**　移民排斥と同化主義に代わる「第三の道」
世界人権問題叢書 86　アレハンドロ・ポルテス、ルベン・ルンバウト著　村井忠政訳　◎8000円

**物語　アメリカ黒人女性史（1619-2013）**
絶望から希望へ　岩本裕子　◎2500円

**アメリカのエスニシティ**　人種的融和を目指す多民族国家
アダルベルト・アギーレ・ジュニア、ジョナサン・H・ターナー著　神田外語大学アメリカ研究会訳　◎4800円

**地図でみるアフリカ系アメリカ人の歴史**
大西洋奴隷貿易から20世紀まで
ジョナサン・アール著　古川哲史、朴 珣英訳　◎3800円

**民衆が語る貧困大国アメリカ**　不自由で不平等な福祉小国の歴史
スティーヴン・ピムペア著　中野真紀子監訳　桜井まり子、甘糟智子訳　◎3800円

〈価格は本体価格です〉